＼探究に役立つ！／
学校司書と学ぶ
レポート・論文作成ガイド

東京都立高等学校学校司書会
ラーニングスキルガイドプロジェクトチーム 編著

ぺりかん社

調べることは楽しい！

〜まずは学校の図書館へ〜

　この本を手に取ってくれた中学生・高校生のみなさんの学校には、図書館がありますよね？　「えー、あったっけ？」「一度も行ったことない〜！」という人もいるかもしれません。日本では「学校図書館法」という法律で、「学校には、学校図書館を設けなければならない」と決まっています。ですから、小学校にも、中学校にも、高校にも、必ず図書館があります。

　毎日通学する場所に図書館があるというのは、実はなかなか便利なことなのです。図書館には、本だけでなく、新聞や雑誌も置いてあります。先週のニュースについて、新聞にどのように書かれているか調べたくなったり、授業で先生が話題にした本をちょっと見たくなったり、友だちが「おもしろいよ！」と勧めてくれた本が読みたくなったり……。みなさんの毎日には、いろいろな「調べたい」ことが起こります。そんな時、図書館が同じ校舎の中にあるのですから、すぐに調べに行けますね。

　このことが、大人になるとそう簡単にはいかなくなります。なぜなら図書館は、「自分が毎日通う場所」にないことのほうが多いからです。大学生でさえ、自分がふだん使う校舎とは別の建物に図書館がある場合がほとんどです。気軽に図書館へ毎日行けるのは、生徒である間の特権ともいえるのです。これを利用しない手はありません。

　レポートや論文作成、発表のための調べものなどの課題が出たら、まずはあなたの学校の図書館へ行ってみてください。そこには、さまざまな種類の資料や情報が豊富にあります。

　学校図書館は小さいようですが、そこは「○●中学校」「△▲高等学校」の生徒のためだけに本を集め、その学校の授業や課題や行事のために準備をしてみなさんを待っている、世界でひとつだけのスペシャルな図書館です。街中にある大きな図書館と同じくらい、みなさんの要求に応えてくれ

るはずです。

　そして、どんどん学校司書や司書教諭に相談をしてください。本の探し方だけではありません。大きな事典などの使い方や、情報検索の方法。学校に必要な本がない時にどうしたらいいか。そもそも何から調べ始めたらいいのか……。あなたの「調べたい」心を、学校図書館が全力でサポートします。

　ひとつのことを調べると、つぎつぎに知りたいことが出てくるでしょう。調べれば調べるほど、自分の世界は広く、そして深くなります。知らないことを知るってほんとうに楽しい。ぜひ、自分の手でその楽しさをつかんでください。

　今、「探究」が注目されています。生徒の「主体的・対話的で深い学び」の育成には、図書館の活用が不可欠です。私たち東京都立高等学校学校司書会では、「すべての都立高校で使えるラーニングスキルガイドを、学校図書館で用意する必要がある」と考え、2018年8月に『都立高校の生徒のためのラーニングスキルガイド　〜レポート作成編〜』を作成し、各都立高校で活用に努めてきました。

　この度、そのガイドが本になり、全国どこの学校の生徒さんにも使っていただけるようになることを、たいへんうれしく思っています。

　図書館は読書をするだけの場所ではありません。アクティブラーニング、探究型学習という言葉がよく聞かれるようになる前から、学校図書館は先生方と協力し、授業や課題の調べ学習をはじめ、生徒がみずから学ぶ活動を支えてきました。みなさんは小学校の時から、図書館の本を使ってさまざまな調べ学習に取り組んできたと思います。中学、高校ではその力をさらに伸ばしてください。

　学校で「図書館を使いこなす」ことを身につけていれば、大人になってからもみなさんは、自分の必要な時に必要な使い方で、地元の公共図書館を活用できるでしょう。それが、生涯にわたって学ぶことにつながります。

このガイドを使って、みなさんがレポートや論文にしっかりと取り組み、「生涯(しょうがい)にわたってみずから学ぶ力」を身につけて、卒業してくださることを願っています。
　学び続けることは楽しいですよ！

東京都立高等学校学校司書会
ラーニングスキルガイドプロジェクトチーム

この本の使い方

　この本では、みなさんが取り組む「探究学習」（レポートや論文のように、調べて、まとめ、発表するまでの過程を、自分で考えながら学んでいくことをいいます）の内容を、5つの章に分けて紹介しています。これはそのまま、レポート・論文をまとめていく時のステップになっています。

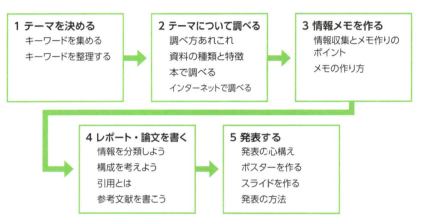

　まずは順番に読んでいき、どのように進めるのかシミュレーションをしてみましょう。それから実際に取り組みながら、必要な箇所をみつけて、じっくり読み直してみてください。そこでまた、わからないことやくわしく知りたいことがあったら、近くにある矢印を探して、その指し示す先に進んでみてください。こんな矢印です。

▶参考文献リストのまとめ方は？　　➡　4章24へ

　この本は、ただ順番に進むだけではなく、最初のほうに戻ってみたり、とばして前に進んでみたり、すごろくのように進んでいけるようになっています。レポート・論文に取りかかってみるとわかりますが、その完成までは、テーマを変えることになったり、書き始めたら資料が足りないことに気づいたりと、行きつ戻りつしながら進んでいくことになります。悩んだ時、困った時、この本に戻ってくれば、どのステップに進めばいいのかわかるはずです。

また、この本ではみんなを探究のサポートしてくれる心強い味方、「トショネコ」くんがいます。「トショネコ」くんは、大事なポイントを教えてくれたり、どこに戻ればいいか教えてくれます。困った時は「トショネコ」くんの姿を探してみてください。

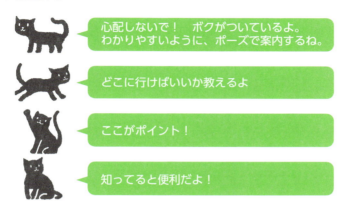

　どんどんレポート・論文が書けるようになると、この本だけではもの足りなくなるでしょう。よりくわしく知りたい人は、巻末にある参考文献リストから必要な資料を探してみてください。

　この本で紹介した「調べる・情報を整理する・発表する」ためのスキルは、学校の中だけでなく、みなさんがこれから社会に出てからも使えます。会社で報告書を書くことになった時、急に人前で話すことになった時など、そのような機会は多くあります。この探究のスキルは自転車の乗り方と同じで、一度身につければ忘れないものです。きっとどこかで、みなさんの役に立つことでしょう。

この本の特徴
- 探究のすべての段階をサポートしている。
- いちばんつまずきやすい、テーマ決めと「問い」を作るところからサポート。
- 本の順番に従うだけでレポート・論文ができあがっていく。
- 矢印のガイドがあるので、行ったり戻ったりが簡単にできる。
- 学校図書館を活用するための方法が具体的に書かれている。

　この本では、「レポート・論文とは」という最初の一歩から、レポート・論文を完成させ、最後に発表をするまでの探究学習の過程を幅広くサポートしています。はじめて探究に取り組む中学生にもわかるようにやさしく説明しています。

学校司書と学ぶレポート・論文作成ガイド

目次

調べることは楽しい！〜まずは学校の図書館へ〜 ・・・・・・・・・・・ 3
この本の使い方 ・・・・・・・・・・・・・・・・・・・・・・・・・・・・・・・・・・・・・・ 6

序章　レポート・論文を学ぶ
01 レポート・論文とは ・・・・・・・・・・・・・・・・・・・・・・・・・・・・ 12
02 レポート・論文ができるまで ・・・・・・・・・・・・・・・・・・・ 14

1章　テーマを決める
03 テーマを決めよう ・・・・・・・・・・・・・・・・・・・・・・・・・・・・・・ 18
04 キーワードを見つけよう ・・・・・・・・・・・・・・・・・・・・・・・ 20
05 キーワードを整理しよう ・・・・・・・・・・・・・・・・・・・・・・・ 22
　　　● 使ってみよう（5W1Hシート）・・・・・・・・・・・・・・ 24

2章　テーマについて調べる
06 調べ方あれこれ ・・・・・・・・・・・・・・・・・・・・・・・・・・・・・・・・ 28
07 資料の種類と特徴 ・・・・・・・・・・・・・・・・・・・・・・・・・・・・・ 30
08 本で調べる ①日本十進分類法 ・・・・・・・・・・・・・・・・ 32
09 本で調べる ②蔵書検索 ・・・・・・・・・・・・・・・・・・・・・・・ 36
10 本で調べる ③紙の資料 ・・・・・・・・・・・・・・・・・・・・・・・ 40
11 本で調べる ④目次・索引 ・・・・・・・・・・・・・・・・・・・・・ 44
12 本で調べる ⑤参考図書 ・・・・・・・・・・・・・・・・・・・・・・・ 48
13 インターネットで調べる ①ウェブサイト ・・・・・・・・ 52
14 インターネットで調べる ②検索のコツ ・・・・・・・・・ 56
15 インターネットで調べる ③統計や白書を活用しよう ・・・・・ 60
16 インターネットで調べる ④オンラインデータベース ・・・・・ 64

3章　情報メモを作る

17 情報収集とメモ作りのポイント ・・・・・・・・・・・・・・・・・・・・・ 70

18 各資料ごとの情報メモの作り方 ・・・・・・・・・・・・・・・・・・・・ 72

　　● 使ってみよう（情報メモ）・・・・・・・・・・・・・・・・・・・・・ 78

4章　レポート・論文を書く

19 情報を分類しよう ・・・・・・・・・・・・・・・・・・・・・・・・・・・・・・・ 82

20 構成を考えよう ・・・・・・・・・・・・・・・・・・・・・・・・・・・・・・・ 84

21 文・段落・節・章を作ろう ・・・・・・・・・・・・・・・・・・・・ 88

22 レポートの約束 ・・・・・・・・・・・・・・・・・・・・・・・・・・・・・・・ 90

23 引用ってなんだろう? ・・・・・・・・・・・・・・・・・・・・・・・・ 92

24 参考文献って何? ・・・・・・・・・・・・・・・・・・・・・・・・・・・・ 96

25 レポート・論文を提出しよう! ・・・・・・・・・・・・・・・ 100

5章　発表する

26 発表の心構え ・・・・・・・・・・・・・・・・・・・・・・・・・・・・・・・ 104

27 発表準備 ①ポスターを作る ・・・・・・・・・・・・・・・・ 106

28 発表準備 ②スライドを作る ・・・・・・・・・・・・・・・・ 108

29 みんなの前で発表する ・・・・・・・・・・・・・・・・・・・・・ 112

30 発表を聞く側として ・・・・・・・・・・・・・・・・・・・・・・・・ 114

31 今後に活かす ・・・・・・・・・・・・・・・・・・・・・・・・・・・・・・ 116

6章　図書館を知る

32 図書館とは? ・・・・・・・・・・・・・・・・・・・・・・・・・・・・・・・ 118

33 いろいろな図書館 ・・・・・・・・・・・・・・・・・・・・・・・・・・ 120

34 図書館の活用法 ・・・・・・・・・・・・・・・・・・・・・・・・・・・ 122

さらに知るための文献紹介 ・・・・・・・・・・・・・・・・・・・・・・・ 124

参考文献 ・・ 125

執筆者一覧 ・・・・・・・・・・・・・・・・・・・・・・・・・・・・・・・・・・・・・ 126

[装幀] 図工室　[本文デザイン・イラスト] raregraph・山本 州
[カバーイラスト] カワチ・レン

「なるには BOOKS 別巻」を手に取ってくれたあなたへ

　「なるには BOOKS」は、働くことの魅力を伝えたくて、たくさんの職業について紹介してきました。「別巻」では、社会に出る時に身につけておいてほしいこと、悩みを解決する手立てになりそうなことなどを、テーマごとに一冊の本としてまとめています。

　読み終わった時、悩んでいたことへの解決策に、ふと気がつくかもしれません。世の中を少しだけ、違った目で見られるようになるかもしれません。

　本の中であなたが気になった言葉は、先生やまわりにいる大人たちがあなたに贈ってくれた言葉とは、また違うものだったかもしれません。

　この本は、小学生・中学生・高校生のみなさんに向けて書かれた本ですが、幅広い世代の方々にも手に取ってほしいという思いを込めてつくっています。

　どんな道へ進むかはあなたしだいです。「なるには BOOKS」を読んで、その一歩を踏み出してみてください。

序章

レポート・論文を学ぶ

01 レポート・論文とは

作文・感想文とは違う!

　この本を読んでいるみなさんのなかには、授業で先生からレポートや論文の課題を出されて、どう書いたらいいのか困っている人もいるかもしれません。みなさんがこれまで書いたことのある作文や感想文とは、何がどう違うのでしょうか。「そもそもレポート・論文って何？」というところから、考えていきましょう。

レポート・論文とは

　レポートや論文は、知りたいことや疑問（**問い**）と、それに対する自分なりの明確な回答（**主張**）を書く文章です。そこでは、賛成か反対かといった意見や、問いに対する解決策を述べていきます。その際に、回答に対する客観的な証拠（根拠となるデータや調査結果）を示し、その回答を証拠で裏づける（**論証**）ことが必要です。

＜レポート・論文に必要な要素＞

　レポートや論文には、いくつかのタイプがあります。課題によってはテーマがはじめから決められていることもあります。また、ポスターセッション（106ページ）のように発表形式のものもあります。
　この本では主に、レポート作成にかかわるステップ全体を説明していきます。授業の課題をよく確認し、レポートの進み具合に合わせて必要な部分を利用してください。

<レポート・論文のタイプ>

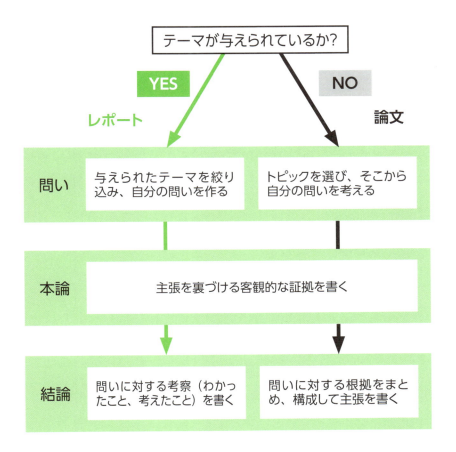

<これらはレポート・論文ではありません>

02 レポート・論文ができるまで

レポート作成にはステップがある

　レポート・論文を○枚書くように、という課題が出されたら、「大変そうだなあ」と思ってしまうかもしれません。一度に書こうとすると大変ですが、実はレポート作成にはいくつかのステップがあります。このステップを一つひとつ積み重ねていけば、できあがっていくのです。

　そしてこのステップは、ひとつの方向に進むだけではありません。調べ始めたら別のテーマがおもしろくなってしまって、テーマを変えたり、レポート・論文を書き始めたら資料が足りなくて調べ直したりと、行ったり来たりしながら進んでいくのです。

＜レポート・論文ができるまでのステップ＞

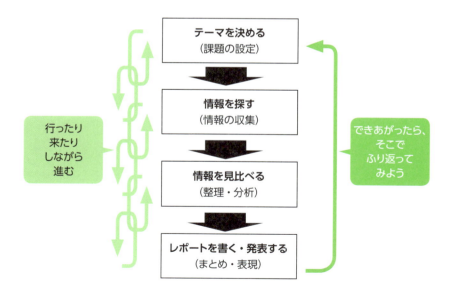

この本では、レポート・論文を書くステップについて、以下の章でくわしく説明しています。自分の課題の進み具合に合わせて、使いましょう。

序章

　レポート・論文ができあがったらふり返ってみましょう。「ここがよかった」「もっとこうすればよかった」という点が見つかれば、つぎの機会に活かせます。
　調べていてさらに気になることが見つかったら、今度は自分でより深く調べてみましょう！　それがさらなる探究のスタートです。

難しそうかな？
順番にやっていけばだいじょうぶ！

1章
テーマを決める

テーマを決めよう

「自分の問い」を見つけよう

　レポート・論文（以下、レポートとする）の第一歩は、書くテーマを決めることです。何について知りたいのか、自分の興味・関心を出発点にして、レポートのテーマを決めましょう。

テーマとは

『新明解国語辞典第七版』（三省堂）で「テーマ」を引くと「〔論文・演説などの〕中心的課題（構想）」と解説されています。つまり、レポートでもっとも伝えたい内容が、テーマということになります。このテーマは基本的に「問い」の形で表すことができます。
　そこで

自分の問い　＝　あきらかにしたい疑問

　という図式が成り立ちます。自分の興味・関心にぴったり合う「問い」を作ることができたら、レポートは半分終わったようなもの、とさえ言われています。テーマを決めるのは難しくて、不安になることもあるかもしれませんが、その後の情報の収集やまとめの進行を左右する、大切なステップになります。

まずは課題を確認しよう！

　はじめに、レポートの課題内容や提出期限、文字数などの条件を把握しましょう。プリントを読んでも与えられたテーマが理解できないとか、具体的に何をすればよいのかわからない時には、そのままにしてはいけません。課題に関連する教科書のページを見たり、もう一度プリントをよく読んだりしてから、先生に確認をしましょう。

<確認すること>

課題の概要
内容はどのようなものか?
テーマを自分で決める必要があるか?

作成方法
レポートは何で、どう作るのか?
　紙(レポート用紙・原稿用紙)
　データ(ファイル形式)
分量は?
　ページ数・文字数・枚数

提出期限
締め切りはいつか?(スケジュールを立てる)
提出方法は?

発表
発表は必要か?
いつ、どのように発表するのか?

「自分の問い」を作るために

　課題として、先生から最初に与えられたテーマは、そのまま自分のレポートのテーマにすることはできません。なぜなら、与えられるテーマは、多くの場合大きいテーマであることがほとんどだからです。

　たとえば、与えられたテーマが「環境問題」だとしましょう。環境問題には、「地球温暖化」や「エネルギー問題」、「食糧問題」など、たくさんのトピックがあり、関連する資料も膨大になります。このように扱うテーマが大きいと、調べること自体が難しくなる上、論点もあいまいになってしまいます。

　この場面で大切なのは、課題で出された大きなテーマから、

小さく具体的な、自分なりの問い

を見つけ、それを疑問文の形で書くことです。先程の「環境問題」を例に考えてみましょう。

> × 環境問題について
> ○ ペットボトルのリサイクルは温暖化解消に役立つのか

　というように与えられたテーマを多くの小さな問いに分解して絞り込んでいくのです。

04 キーワードを見つけよう

まずは基本的な知識をチェック

　大きなテーマを具体的な問いに変えるためには、どうしたらいいのでしょうか。そのためには、キーワードを見つけることが欠かせません。

キーワードを見つけ出す

　「問い」を作るためには、テーマに関する基礎(きそ)知識を増やすことが必要です。そのテーマに対する自分の知識量を確認するために、関連するキーワードを紙に書き出してみましょう。ここは箇条(かじょう)書きでかまいません。

　どうでしたか？　思いつくキーワードは意外に少なかったことでしょう。そこで、テーマについて、さまざまな方法で調べることで理解を深めていきます。この段階では、くわしく調べる必要はありません。基礎(きそ)知識を増やしながら、**自分が何を知りたいのか（興味）**を探っていきましょう。

▶図書館の本棚から考えてみる人は　➡ 2章08へ

▶参考図書を見てみる人は　➡ 2章12へ

　調べていくうちに、何を知りたいのかわからなくなってしまったら、気になったキーワードを書き出して、自分が興味や関心をもっていることを可視化してみましょう。

キーワードを深める

　自分が興味や関心をもっていることを可視化、つまり、目に見える形にする具体的な方法は、キーワードや疑問点を一枚の紙に書き出すことです。この場面で役に立つのが、考えを整理しながら、全体像をつかむ「マ

インドマップ」という方法です。これは、イギリスの教育者トニー・ブザンが開発した思考法で、世界で広く使われているシンキングツールです。

マインドマップの作り方（マッピング方法）

　大きめの紙を用意します。紙の中央にテーマと、テーマを表すイメージ（セントラルイメージ）を描き、そこからブランチ（枝）を広げて、連想するキーワードを書いていきます。その際、①**上下関係を意識し**、②**強調、序列をつけて**、③**放射状に**キーワードをつなげていきます。絵や色をたくさん使いましょう。マップを書いて全体を眺めることで、自分の関心や疑問点が見えてきます。

＜マインドマップの例＞

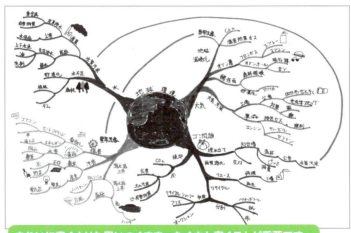

きれいに書くよりも思いつくまま、たくさん書くことが重要です。

キーワードが思いつかず手が止まってしまったら

　まだ基礎知識が足りないのかもしれません。教科書や事典などの基本的な資料を読みながら、内容に沿ってマッピングしてみましょう。中心のテーマを変えて、いくつか描いてみるのもおすすめです。

　▶キーワードのヒントがほしい人は　　➡ **2章12へ**

05
キーワードを整理しよう

キーワードから「問い」につなげる

　マインドマップを作ってみると、いろいろなキーワードが出てきたことでしょう。ここでは、そこで見つかったキーワードからレポートの主題となる「問い」を作っていく方法を紹介します。

問いを作る

　マインドマップなどで見つかったキーワードから、自分の気になることや疑問点が見えてくると思います。今度は、それを具体的な「問い」の形にしていきます。ここでは「５Ｗ１Ｈ」という方法を使います。

　マインドマップにあるキーワードを見直し、いちばん関心のあるキーワードを選びましょう。その際には、マインドマップのブランチ（枝）の中間あたり（中心から２つ目ほど）に位置するキーワードがよいでしょう。中心に近いキーワードはテーマが大きすぎますし、端に位置するキーワードは絞り込まれすぎているからです。

　たとえば「地球温暖化」というキーワードを５Ｗ１Ｈシート（24ページ）にあてはめて考えてみると、つぎのような質問が考えられます。

<例：キーワード「地球温暖化」>

Who（誰が？）	Where（どこの話？）
誰が（何が？）引き起こすのか？ 人間の活動？　それとも気候変動？	どの地域で影響が深刻なのか？ 日本の現状はどうか？

What（それは何？）	Why（なぜそうなる？）
そもそもどんな現象？　何が問題？ 具体的な気温の変化は？	温暖化はなぜ起こる？ 二酸化炭素が増えるのはなぜ？

When（いつの話？）	How（どうしたらよいか？　どれくらいか？ 〈量や金額など〉）
いつごろから問題になっている？ 過去と現在を比較してどうか？	温室効果ガスはどれくらい減らせばいい？ 国の取り組みは？ 個人でできることは？

このように、キーワードについての質問を考えることにより、知らなかったことや知りたくなったこと、自分の調べたいことなどがだんだんと見えてきます。

5W1Hシートはすべてを埋める必要はありません。「問い」がたくさん見つかる項目をいくつも書いて、掘り下げてみましょう。

問いを深める

　ここで、あらためて5W1Hシートを見直してみましょう。5W1Hの6つの視点で浮かび上がった「問い」のなかに、興味をもてるものはありましたか？　もしあったら、その「問い」**(仮の問い)** をキーワードにして、再度シートに当てはめ、**より具体的な「問い」**を作ってみましょう。

　さらに「それは本当か？」「すべてに当てはまるか？」といった**客観的な視点**からも見直してみます。

<例：仮の問い「地球温暖化を止めるために何ができるのか？」>

What（それは何？）	Why（なぜそうなる？）
温暖化を加速させているのは、経済大国の産業活動か？	なぜ国際的な取り組みが必要なのか？ 国連の持続可能な開発目標（SDGs）は効果的か？

「問い」は具体的になりましたか？

> ## よい「問い」はこんな問い！
> ● **自分が興味・関心をもてる**
>   モチベーションを維持できることがまずは大事
> ● **「〜なのか？」という疑問文になる**
>   疑問文にすると論証しやすい
> ● **大きすぎない、専門的すぎない**
>   そもそもそれは自分の手に負えるのか？

5W1Hシート

 使ってみよう

> **キーワード**「
> または
> **仮の問い**   」

Who　それは誰が？

What　それは何？

When　それはいつ？

Where　それはどこで？

Why　それはなぜ？

How　どうしたらよいか？（量や数などは）どれくらい？

問いの検証

　マインドマップと5W1Hシートを使うことで、大きなテーマから「自分の問い」を作り出すことができましたか？　なんだかしっくりとこない「問い」になってしまった、という人は、もう一度マインドマップを作り、5W1Hを行ってみましょう。マインドマップのキーワードから違うものを選んだり、1回目の5W1Hの「仮の問い」を変更したりすることで、まったく違う「問い」が導き出せます。別の視点から「問い」を作ってみることで、より興味・関心をもてる「問い」が見つかるかもしれません。

　これから調査を進めていくと、「別の問いのほうがいいかも……」と思うことがあるかもしれません。テーマの理解が進むと、さらに具体的な「問い」が浮かぶこともあります。また、資料を読んでいくうちに自分の考えが変わることもありますし、調べるには向いていない「問い」だったとわかることもあります。思い切って「問い」を変えたほうがいい場合もあります。もし自分の選んだ「問い」が心配だったら、先生に相談しましょう。

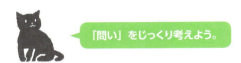

仮説を立ててみよう

　自分の「問い」が決まったら、つぎはその「問い」に対する仮説を立ててみましょう。仮説とは「問い」から予想される答えのことです。たとえば以下のようになります。

（問い）ペットボトルのリサイクルは地球温暖化の解消に役立つのか？
（仮説）①二酸化炭素には直接関係ないので役立たない
　　　　②リサイクルによって新しい原料を使わずにすむので役立つ

　このように「問い」に対応する「仮説」を作ることで、その仮説に対してどんなことがわかれば証明できるか、それにはどんな資料が必要か、といった具体的な調査の道筋が見えてきます。仮説を立てることで、今後の調査の方向性を決めることができるのです。

2章

テーマについて調べる

06 調べ方あれこれ

何をどうやって調べればいい？

　レポートのテーマ（自分の問い）は見つかりましたか。ここではそのテーマについて資料を使って調べていきましょう。テーマによって利用するものは変わります。資料ごとの特徴を知って、目的に合わせて利用すると効率的です。

学校図書館の資料を使う

（1）**学校図書館の本棚で本や雑誌を探す**：図書館には本（図書）だけでなく、さまざまな資料があります。目的別に資料の使い方を学びましょう。

- ▶テーマに合う本が図書館ではどこにあるのかを知りたい　➡ 2章08へ
- ▶本の内容をざっくりと知りたい　➡ 2章11へ
- ▶テーマについての基礎知識や、関連するデータを得たい　➡ 2章12へ

（2）**学校図書館の蔵書検索用コンピュータを使って本や雑誌を探す**：目的の資料を探すための便利ツールです。学校司書がそのコツも紹介します。

- ▶蔵書検索のやり方が知りたい　➡ 2章09へ

インターネットを使う

（1）**インターネットを使って情報を探す**：インターネットは世界中の情報を見ることができます。でも、使い方を間違えると、必要な情報にたどり着けなかったり、誤った情報に接してしまったりすることになります。ネットの世界から、レポートに適した情報を導き出す方法を知りましょう。

- ▶インターネットで調べたい　➡ 2章13へ

(2) オンラインデータベースを使って情報を探す：ネットを利用して検索できる百科事典などを、オンラインデータベースと言います。一般的なウェブサイトを検索するよりも正確な情報を手に入れることが可能です。基礎を知って、活用しましょう。

▶データベースで調べたい　　　　　➡ 2章16へ

前述以外の情報を集める

よりよいレポートを作るためには、学校にあるものを利用するだけでなく、さまざまな手段を活

| アンケート | インタビュー | 観察 | 見学 |
| 実験 | 博物館・美術館 | 視聴覚資料 | ほかの図書館(公共・専門図書館) |

用して情報を集めていくことが重要です。調査内容によって適した方法を選択するようにしたいですね。これらの方法をうまく組み合わせて、調査を進めます。具体的な方法は、先生や学校司書に相談してみましょう。

アンケート：質問を事前に用意し、特定の集団に回答してもらいます。
インタビュー：関係者から直接話を聞きます。
観察：対象を定め、時間による変化を記録します。
見学：実際に現場を見て理解を深めます。
実験：仮説を検証するために実際に作業をして確認を行います。
博物館・美術館：実物を見ることで理解を深めます。
視聴覚資料：映像を見たり、音を聞いたりして、調べているテーマの理解を深めます。
ほかの図書館：地域の資料が充実した公共図書館や、特定のテーマについての資料を集めている専門図書館も利用しましょう。

▶ほかの図書館について知りたい　　➡ 6章33へ
▶ほかの図書館を使いたい　　　　　➡ 6章34へ

07 資料の種類と特徴

どのメディアが使える?

　みなさんがレポートを書くために選んだテーマでは、必要な情報はどこにあるでしょうか。それぞれのメディアの特徴を知ることで、正確で確実な、つまり信頼性の高い情報を手に入れることができます。また、メディアの特徴を知り、それぞれの長所を活かして多様な資料を使うことで、よりよいレポートになります。

メディアの特徴

＜情報信頼度＞

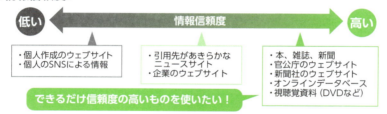

　メディアの種類によって、その情報の信頼度も変わります。
　信頼度が低いのは個人作成のウェブサイトやSNS（ソーシャル・ネットワーク・サービス）などの記述。一方、信頼度が高いのは、本や雑誌などの紙のメディア、官公庁のウェブサイト、オンラインデータベースなどのメディアです。
　メディアによる信頼度の差はどこから出てくるのでしょうか。それは、その情報が発信されるまでにかかわっている専門家の数の差になります。信頼度の高いメディアは、発信されるまでに専門家を含む多くの人が目を通し、内容の確認をしているのです。レポートを書く時には、信頼できるメディアを利用したいですね。
　また、情報を比較するために、複数の資料を見るようにしましょう。

<情報の新しさ>

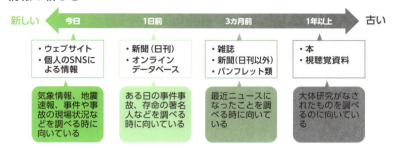

　メディアの種類によって、得られる情報の新しさが違います。もっとも新しい情報を入手できるのがSNSです。ただし、情報が断片的・主観的なことが多いため、信頼性が高いかどうかを判断することは難しいです。

　一方、本などは編集に時間がかかるため、最新の情報を載せるのは苦手です。ですが、信頼度はもっとも高くなります。新聞や雑誌はその中間で、比較的最近の情報をコンパクトに知ることができます。

　それぞれの特徴を知って、調査の目的に合ったメディアを利用しましょう。書かれた時期で情報が異なることがあるので、どの資料でも、いつ書かれたものなのかは必ず確認しましょう。

▶本や雑誌について知りたい　　　　➡ 2章10へ
▶インターネットについて知りたい　➡ 2章13へ
▶調べた情報をメモしておく方法は？　➡ 3章17へ

欲しい情報がどこにあるかわからない時は？

　学校司書に相談してみましょう。「○○についてレポートを書いているのですが」「どの本を見ればよいですか？」「どうやって調べればよいですか？」と尋ねれば、学校司書が情報収集の方法を教えてくれます。学校図書館で解決できない場合でも、ほかの機関に問い合わせをしてくれるなど、情報収集の支援をしてくれます。

08
本で調べる ①日本十進分類法

図書ラベルに隠された秘密

　図書館に行くと本棚にたくさんの本が並んでいます。何万冊もの本のなかから、目的の情報が入っている本を見つけ出すにはどうしたらいいでしょう。図書館のラベルにはその秘密が隠されています。このラベルの記号こそ、探している本を見つけ出す魔法のカギなのです。

図書館に置いてある本の特徴とは？

　自宅や本屋さんにある本とは違う、パッと見てわかる図書館の本の特徴とは何でしょう。そう、図書館の本にはすべて、背表紙に「数字や文字が書かれたラベル」が貼ってあります。このラベルには重要な意味があるのです。

ラベルの秘密を大公開

　実は、図書館の本はすべて、このラベルに書かれた記号順に並べられているのです。つまり背表紙のラベルは、本のありかの手がかりになる、とても大事なもの。このラベルの意味を知ることで、図書館の本がぐっと探しやすくなります。

＜図書のラベルの意味（3段のラベルの場合）＞

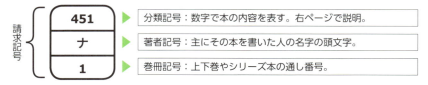

学校図書館の本には、主に3段のラベルがつけられています。ラベルの1段目は「分類記号」で、図書館の本はこの数字の順番に並べられています。2段目は「著者記号」の文字が書かれています（ひらがなやカタカナ、アルファベットなど、図書館ごとに違います）。「分類記号」が同じ場合は、この文字の順番に並べられています。3段目の「巻冊記号」は、上・下巻やシリーズものなど複数の本がある場合に書かれています。図書館によっては2段や1段のラベルを使用している場合もあります。自分の学校図書館の図書ラベルをよく見てみましょう。

日本十進分類法（NDC）

　ラベルの1段目の「分類記号」の数字は、共通のルールによって決められています。そのルールは「日本十進分類法（NDC）」といい、学校図書館だけでなく、多くの公共図書館でも使われている分類法です。つまり、このルールを知っていれば、日本中のほとんどの図書館で本を簡単に見つけ出すことができるのです。

＜日本十進分類法の仕組み＞（左ページのラベルの分類記号「451」を例にします）

いちばん左の数字で大きく10の内容に分類されます。	左から2番目の数字でさらに細かい10の内容に分類されます。	左から3番目の数字でもっと細かい10の内容に分類されます。
0　総記	40　自然科学	450　地球科学．地学
1　哲学	41　数学	451　気象学
2　歴史	42　物理学	452　海洋学
3　社会科学	43　化学	453　地震学
4　自然科学	44　天文学．宇宙科学	454　地形学
5　技術	45　地球科学．地学	455　地質学
6　産業	46　生物科学．一般生物学	456　地史学．層位学
7　芸術	47　植物学	457　古生物学．化石
8　言語	48　動物学	458　岩石学
9　文学	49　医学．薬学	459　鉱物学

本の分類は、まず内容ごとに大きな10項目に分けられ、0から9の数字で表されます（第1次区分）。分けられた項目の一つひとつは、さらに10の細かい分類に分けられ、00から99の2けたの数字で表されます（第2次区分）。その項目はもっと細かい10の項目に分けられ、000から999の3けたの数字で表されます（第3次区分）。

　このように大きな内容からだんだんと細かい内容へ10項目ずつ分けられていくことにより、3けたの数字で本の内容をくわしく表現できる仕組みになっています。

日本十進分類法（NDC）　第2次区分表

　多くの図書館では主に3〜4けたの分類を採用しています。ここでは左から2けた目までの分類を表した日本十進分類法の「第2次区分表（抄）」を掲載します。自分の興味のある分野やレポートの対象がどこに分類されるのか見つけてみましょう。さらにくわしい分類を知りたければ、図書館にある『日本十進分類法』という本を見てみましょう。

▶あなたのテーマの分類は？　　　　　　　➡ 1章03へ
▶学校図書館にある本を探してみよう　　　➡ 2章09へ

NDCでテーマを探す時に……

　NDCの分類は「どういう視点で書かれた本か」がポイントになります。たとえば、「猫」について調べるとしても、猫の飼い方なら、「ペット」という視点なので645、ネコ科の動物の特徴を調べたいなら「哺乳類」で489、「化け猫」なら「民話」で388というように、分類が変わってきます。はじめて探すテーマの時は、キーワードで蔵書検索をして分類を確認するか、学校司書に聞いてみるとよいでしょう。

日本十進分類法（NDC）第2次区分表（抄）

000	総記	100	哲学	200	歴史
010	図書館.図書館学	110	哲学各論	210	日本史
020	図書.書誌学	120	東洋思想	220	アジア史.東洋史
030	百科事典	130	西洋哲学	230	ヨーロッパ史.西洋史
040	一般論文集.一般講演集	140	心理学	240	アフリカ史
050	逐次刊行物	150	倫理学.道徳	250	北アメリカ史
060	団体	160	宗教	260	南アメリカ史
070	ジャーナリズム.新聞	170	神道	270	オセアニア史.両極地方史
080	叢書.全集.選集	180	仏教	280	伝記
090	貴重書.郷土資料.その他の特別コレクション	190	キリスト教	290	地理.地誌.紀行

300	社会科学	400	自然科学	500	技術.工学
310	政治	410	数学	510	建設工学.土木工学
320	法律	420	物理学	520	建築学
330	経済	430	化学	530	機械工学.原子力工学
340	財政	440	天文学.宇宙科学	540	電気工学.電子工学
350	統計	450	地球科学.地学	550	海洋工学.船舶工学.兵器
360	社会	460	生物科学.一般生物学	560	金属工学.鉱山工学
370	教育	470	植物学	570	化学工業
380	風俗習慣.民俗学.民族学	480	動物学	580	製造工業
390	国防.軍事	490	医学.薬学	590	家政学.生活科学

600	産業	700	芸術.美術	800	言語
610	農業	710	彫刻	810	日本語
620	園芸	720	絵画.書道	820	中国語 その他の東洋の諸言語
630	蚕糸業	730	版画	830	英語
640	畜産業.獣医学	740	写真.印刷	840	ドイツ語
650	林業	750	工芸	850	フランス語
660	水産業	760	音楽.舞踊	860	スペイン語
670	商業	770	演劇.映画	870	イタリア語
680	運輸.交通	780	スポーツ.体育	880	ロシア語
690	通信事業	790	諸芸.娯楽	890	その他の諸言語

900	文学
910	日本文学
920	中国文学 その他の東洋文学
930	英米文学
940	ドイツ文学
950	フランス文学
960	スペイン文学
970	イタリア文学
980	ロシア.ソヴィエト文学
990	その他の諸文学

※一般的なラベルの表示に合わせ、3けたで表記しています。

> 図書館の本は分類記号順に並んでいるため、近いテーマの本がまとまって並んでいます。自分が調べたいテーマの分類記号を知っておくと、ぱっと本棚に行って、どんな本があるかチェックすることができるんですよ！ 分類についてわからない時は、どんどん学校司書に相談してね。

もり・きよし／原編『日本十進分類法 新訂10版』日本図書館協会, 2014より

本で調べる ②蔵書検索

図書館で本を探そう

　学校図書館にある本を探す時、多くの学校ではコンピュータで蔵書を検索できるようになっています。この蔵書検索の方法を知っておくと、図書館をより便利に活用できるようになります。

簡単にできる蔵書検索

　みなさんの学校図書館では、どのように貸出をしていますか？　もしコンピュータを使っていたら、図書館の資料はコンピュータを使って簡単に探すことができます。

検索画面　～さあ、探してみよう!～

　コンピュータの画面にある検索窓に、検索する言葉（キーワード）を入力します。インターネット検索とは違い、文章ではうまく検索できませんので、注意してください。
　検索の際は、どんな項目を選ぶのかもポイントになります。資料は「書名」や「著者名」などの項目から検索できるようになっています。項目がない場合や、「かんたん検索」といった表示が出ている場合には、複数の

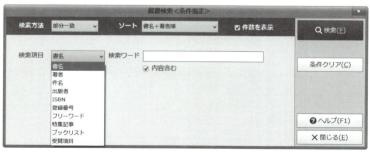

画面は「図書管理システム　LibMax2017」より

項目をまとめて検索します。多くの資料を見つけたい時や項目がわからない時に便利です。画面の例では「フリーワード」を選択すると、まとめて検索できます。資料を絞り込みたい時は項目を選んでから検索しましょう。ここでは「地球温暖化」というキーワードで検索してみます。

検索結果画面　～どれどれ、あったかな？～

キーワードを入れて検索ボタンを押すと、キーワードに当てはまる本が検索結果画面に表示されます。この検索結果を見て、自分の調べている内容に適した本を探しましょう。

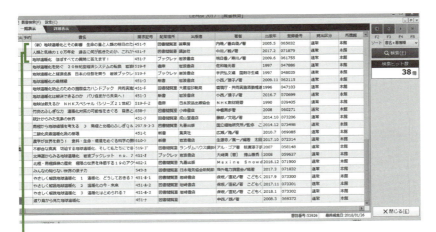

本の検索結果を見て目当ての本を見つけたら、その本の情報をメモしておきましょう。その時に重要なのは**「請求記号」**と**「配架場所」**です。「請求記号」は本のラベルの内容、「配架場所」はどの場所に本があるかを表示しています。

本棚に行って本を探そう

　蔵書検索で読みたい本が見つかったら、いよいよ本棚に行って探してみましょう。本は分類記号の番号順に本棚に並んでいます。ここでは、37ページ検索結果画面の上から2番目の本を例として探します。**「請求記号」と「書名」「著者名」「配架場所」をメモしてください（451-ナ『人類と気候の10万年史』中川 毅 著 図書閲覧室）**。そのメモを手に本棚に行きましょう。

（1）まずは本棚の場所を確認しましょう。館内案内図を見て、「図書閲覧室」で「4」で始まる本がどの棚にあるか見つけてみましょう。その後、「45」で始まる番号の本を見つけていきます。

> 本棚の場所を確認。「図書閲覧室」で「45」で始まる分類記号の本は、このあたりだな。

（2）本はラベルの分類記号の番号順に棚の左から右に並んでいます。その段の右端に行ったら、つぎはその下の段に行きます。いちばん下の段の右端のつぎは、右どなりの棚の左上になります。

> 本棚の場所を確認、「45」で始まる分類記号の本があるのはこの棚だな。

（3）本棚に並んでいる本の背ラベルを見てみましょう。いちばん上の段に分類記号の数字が書かれているはずです。その数字を追っていって、めざす「451」の本があるあたりに行きましょう。

　つぎは2段目の著者記号「ナ」を見て、ラベルの2段目が「ナ」になっている本を探してみましょう。そこにめざす本があるはず！

あった！

本は分類記号（ラベルの1段目）の順、分類が同じ本は著者記号（ラベルの2段目）の順に並んでいる。じっくり見ていくと、「451-ナ」の探していた本が見つかった！

蔵書検索で困ったら……

　実際に検索してみると「検索できませんでした」と表示されたり、逆に検索結果が多すぎて困ることがあります。ちょっとした入力ミスや漢字の打ち間違いなどで、うまく検索できないこともよくあります。そんな時にすぐにあきらめず、学校司書に相談してみましょう。学校司書はみなさんが本を探すお手伝いやアドバイスができます。また、読みたい本が「貸出中」だったら、「予約」できるかどうか確認してみましょう。

2章

蔵書検索でよくある失敗例	学校司書からのアドバイス
著者の漢字間違いで検索できない「井坂幸太郎」（正しくは伊坂）	「よみがな」で入力してみよう「いさか　こうたろう」
本のタイトルがうろ覚えで検索できない「君の膵臓がたべたい」（正しくは「君の膵臓をたべたい」）	「が」や「は」などの助詞を外して確実な単語のみ入力してみよう「すいぞう　たべたい」
簡単な単語ひとつをキーワードとしたので、検索結果が多すぎる「川」	単語をいくつか組み合わせて入力してみよう「川　汚染」
具体的な文章をキーワードとしたので検索できない「日本の少子化を止めるには」	文章ではなく単語を組み合わせて入力してみよう「日本　少子化」

▶本が見つかったらどう調べるか　　➡ 2章11へ
▶見つかった本をメモしておく　　　➡ 3章18へ

10 本で調べる ③紙の資料

紙にもいろいろある

　図書館で調べものをする時に、いちばん利用する機会が多いのは紙の資料です。そんな紙の資料の種類と特徴や、長所と短所について紹介しましょう。

紙の資料の種類と特徴

（1）本（図書）

　図書館の資料といえば本（図書）で、さまざまな主題についての本が収められています。図書館にはレポートに対応した本が必ずあるはずです。本はレポートを作成する時にいちばん活躍する資料であり、執筆者がわかっているため、情報源がはっきりしています。また、出版される過程で多くの人の手を経ているので、内容に間違いがあることは少ないです。

　レポート作成で調べる場合は、まず本のように信頼度が高く、内容も確実なものを必ず使うようにしましょう。

長所	短所
・情報の信頼度が高い ・目次や索引で内容を一覧できる ・必要な部分だけ読むことができる ・燃えない限り情報が残る ・書き込みができる（自分の本の場合）	・内容が古くなってしまう ・本のある場所に行かないと読めない ・重いので持ち運びが大変 ・同時に複数の人が同じ本を利用できない

▶本を探すコツを知りたい人は　　➡ 2章11へ

（2）雑誌

　雑誌とは定期的に発行される冊子のことです。毎週発行される週刊誌から、月1回発行される月刊誌、年4回発行される季刊誌などがあり、発行間隔によって呼び名が変わります。本よりは編集、発行までの時間が短い

ため、書かれている情報はより新しくなります。

　雑誌といえば、ふだん本屋さんで見かけるマンガやファッション誌のような気軽な読みもの、というイメージが強いかもしれません。しかし、研究論文を掲載している学術雑誌や、農業や流通など特定の分野を扱っている専門誌が数多く存在します。都道府県立図書館などの大きな図書館の雑誌コーナーを見ると、その種類の多さを実感できるでしょう。雑誌専門の大宅壮一文庫や、東京都立多摩図書館の東京マガジンバンクのように、雑誌を専門的に収集している図書館もあります。

　雑誌は、特定の分野やテーマについてまとめられていることが多いため、対象の分野、テーマの最新情報を得るには最適なメディアです。特に、新しい情報が重要となる科学などの分野を調べたい時は、本よりも雑誌の方が向いています。自分の調べている事柄が載っている雑誌がないか調べてみましょう。特集記事の内容については、ほとんどの図書館で書籍と同じように検索ができます。

長所	短所
・情報の信頼度が比較的高い ・本に比べて新しい情報が書いてある ・特定のテーマについてくわしく知ることができる ・さまざまなジャンルについての雑誌がある ・雑誌の内容から社会状況を知ることができる	・内容がやや古くなってしまう ・雑誌がある場所に行かないと読めない ・多様な雑誌を所蔵している図書館は限られる ・雑誌の内容すべてを検索するのは難しい

(3) パンフレット、リーフレット

　パンフレットやリーフレットは、公的機関などが特定の知識の普及や情報の提供のために作成することが多い資料です。特定のテーマについての情報が、一覧性もよくコンパクトにわかりやすくまとめられています。この２つの形式的な分類はつぎの通りです。

パンフレット	簡単に製本されたもので、表紙を除いたページ数が5〜48ページのもの
リーフレット	両面に情報が印刷された一枚の紙を折りたたんだもの

（ユネスコの分類定義による）

パンフレットやリーフレットは、特定の場所でないと入手できませんが、ウェブサイト上で公開されていることが多いので、インターネットを使って配布されているものと同じものを見る（読む）ことができます。

　レポート作成では、調査の最初の段階で、テーマに対する基礎知識を得たり、参考資料を知ったりするために活用するといいでしょう。

長所	短所
・情報の信頼度が比較的高い ・特定のテーマについて簡単に知ることができる ・多くの場合無料で入手できる ・多くをウェブサイトで無料で見ることができる	・内容が古いことがある（更新されていないことがある） ・現物を入手するのが難しい ・所蔵している図書館は限られる ・どのような資料が存在するのかが正確にはわからない

（4）新聞

　最近は少なくなっているようですが、新聞が毎朝届くという家庭もあるでしょう。新聞は毎日発行されるもの、と思いがちですが、週1回や月1回発行される新聞もあります。内容も、特定の分野を扱ったもの、特定の読者に向けて編集されたものと、バラエティにとんでいます。

新聞の種類いろいろ

発行頻度	分野	対象地域	対象読者
日刊紙 週刊紙 月刊紙　など	一般紙 スポーツ紙 専門紙　など	全国紙 ブロック紙 地方紙　など	中高生新聞 夕刊紙 宗教新聞　など

　新聞は発行する社の方針に基づいて編集されています。そのため、同じニュースでも各紙でまったく違った視点で書かれていることがあります。特に、事件やニュースについて各新聞社の意見を掲載する「社説」と呼ばれる欄では、その傾向がはっきりとあらわれています。図書館には複数の新聞がありますので、ぜひ読み比べてみてください。

　新聞記事は各紙のサイトでも検索できますが、対象となる期間が短く、記事の一部しか読むことができません。実際の紙面か、各紙でひと月分の

新聞をまとめた「縮刷版」という冊子で確認しましょう。過去の記事を検索するには、オンラインデータベースが便利です。

　もしレポートに最新情報をつけ加えたい場合には、インターネットよりも新聞を活用しましょう。新聞は複数の新聞記者が記事を書き、編集者のチェックを経て発行されています。SNSやウェブサイトよりも正確な情報を入手することができます。また、新聞の解説コラム（朝日新聞「いちからわかる！」など）は、社会問題がとてもわかりやすく説明されているので、レポートの基礎知識を得たい時に参考になります。特集記事についても、その社会問題の歴史的な経緯から解説してくれているので非常に役立ちます。

長所	短所
・社会のできごとが広く扱われている（一般紙） ・内容の信頼度が高い ・多くの視点からテーマを知ることができる ・どの図書館にも必ずある	・必要な記事を探すのが大変 ・紙の質がよくないので保存しにくい ・テレビやウェブサイトに比べて速報性に劣る ・過去の記事を入手するのには手間がかかる

▶新聞記事を探す　　　　　　　　　➡ 2章16へ

紙の資料も使い分けよう

　図書館で調べるといえば、本（図書）が中心になってしまいがちです。ですが、必要な情報の種類を考えて、新聞や雑誌といった資料も適切に利用して調査してみましょう。

　紙の資料に共通している点は「内容の信頼度が高い」ことです。レポートを書く際には、必ず当たってほしい資料です。

　紙の資料それぞれの特徴を知って、上手に使い分けましょう。

▶図書館にある資料を調べたい　　　➡ 2章09へ

11

本で調べる ④目次・索引

タイトルは仮の姿 本当の姿は目次でわかる!

　本棚に行って本を確認すると、「タイトルで想像していた内容とぜんぜん違った!」ということがよくあります。検索で本を見つけることができたら、今度はその本に必要な情報があるのかを確かめましょう。

　本をすべて読む必要はありません。目次と索引を使って、必要な情報を簡単に見つけましょう。

目次

　目次は、本のどのページにどんなことが書かれているかを教えてくれる案内図のようなものです。ほとんどの本で最初のほうに置かれています。大事なページですので必ず目を通しましょう。なぜなら、目次を読むだけで、本の中身がおおよそ理解できるからです。

目次でわかること

　・内容（何が取り上げられているか）

　・本文の流れ（どのように説明されているか）

　・ページ数と位置

　目次に書かれている項目の中に、調べたい内容を見つけることができましたか?　もし見つけられたら、そのページ数を確認しましょう。ここで、どれくらいの分量を読めばいいかも確認できます。

　「たぶんこれだと思うけど、よくわからない……」「この目次に何が書かれているかよくわからない」と感じたら、その本は棚に戻してかまいません。本の内容が専門的すぎるのかもしれません。あるいはもっと探究が進むと使える資料なのかもしれません。

　目次がわかりやすい本は、その中身も読者が理解しやすいようにまとめられていることが多いのです。そんな本を探しましょう。

　ただし、目次が読みにくい本であっても、その分野の基礎資料であれ

ば、がんばって目を通したほうがいいこともあります。

目次を利用することで、必要な資料を上手に絞り込んで探していきましょう。

目次
ほとんどの本にある
本の**はじめ**にある

目次の例

目次

はじめに
目次

第1章　　地球温暖化　　　　　　　4
　1-1　　気候変動ってなに?　　　12
　1-2　　異常気象ってほんと?　　28
第2章　　環境汚染　　　　　　　40
第3章　　生物多様性を知る　　　56
第4章　　資源には限りがある　　76
おわりに～わたしたちにできること　98

用語解説
参考文献

索引

　索引とは、本文に書かれた内容や事柄、項目・キーワードを抜き出して、一定の順序(五十音順など)に並べ、それらの情報が出てくるページがわかるようにした一覧のことです。多くの場合、本のいちばん後ろ(巻末)にあります。

　目次とは違ってすべての本にあるわけではありません。索引がある本は、調べものに使われるような本が多いです。

索引
調べものの本にある
本の**最後**にある

索引の例

索引

ア行

アイスコア　　　　　　　　　　45
IPCC　　　　　　　　　11,21,34
異常気象　　　　　　　　3,9,25
異常天候→「異常気象」を見よ
打ち水　　　　　　　　　　　　9
エルニーニョ　　　　　　　　62

索引でわかること
　・調べたい言葉がどのページに出てくるか、知ることができる
　・重要な用語がわかる　→　登場回数が多いのが重要な用語

　ひとつの言葉（用語）があちらこちらのページに登場する場合は、登場するすべてのページが書かれています。ひとつだけページが太字で記されている場合は、そのページにもっともくわしく書かれているという意味です。最初に太字のページを確認しましょう。また、矢印があったら、それは「こっちの言葉を見てね」という印です。索引には、その資料で使われているグラフや図がどのページにあるかわかるようにしているもの（図版索引）もあります。

　もし、探している言葉が索引で見つからなかったとしても、あきらめずに、似ている、あるいは関連する言葉を探してみましょう。

索引で探す言葉が思いつかない時は……
　まだ基本の情報が足りていないということです。百科事典を調べたり、入門書を1冊読んでみたりして、自分の知識を増やしましょう。

> **知っておくとレベルアップ**
> 事典や全集では、索引だけを一冊にまとめた巻もあります。こういった索引巻を調べると、関連する事柄や用語をまとめてチェックできます。雑誌でも索引があることも。

参考文献

　巻末には、索引以外にも便利なツールがあります。代表的なのが「参考文献」というページで、著者がその本を書く時に参考にした資料の一覧が書かれています（レポートを書く時には、自分でもこのような参考文献を作ることになります）。

　こうした資料紹介のある本が見つかれば大当たり。参考文献に書かれている資料は、調べているテーマに合った本になるので、関連する資料の情報をまとめて手に入れることができます。

参考文献の例

> ### おすすめ文献とウェブサイト
>
> 第1章
> ・武蔵野歩『気候変動なんでもQ&A』然々社,2015年
> ・ニビル『地球20XX年』仮説社,2019年
> ・地球環境問題研究会「地球の未来をすくえ」
> http://www.○△□.ne.jp/***/
> 参照日：2019年7月24日
>
> 第2章
> ・北村富士弥『自分で調べる川』水清書房,2016年
> ・3Rの会『リサイクル大事典』季下館,2013年
> ・「知られざる土壌汚染」『月刊報道写真』2016年8月号,p.9

奥付

　日本語で書かれたほとんどの本の最後には「奥付」があります（たまに別の場所にあることもあります）。書名や著者名、出版した会社、出版された年月日など、本に関する情報が書かれています。これを書誌情報と言います。

　本を選ぶ時に、特に注意すべきなのが「発行年」です。たとえば、「持続可能な開発目標」（SDGs）に関する取り組みについて調べるとします。SDGsが国連の会議で採択されたのは、2015年9月です。ですから、奥付が左のようになっている本にはSDGsについての情報はありません。しかし、環境問題を解決するための取り組みについて、その歴史を調べるためなら、この資料は役立つことでしょう。また、新しい情報を得るためには、できるだけ新しい本を選びましょう。

奥付の例

> ### みんなの地球を守る
> ～世界と日本での取り組み～
> _____
> 　　　　2012年4月10日　初版発行
> 著　者　森林　守
> 発行者　北弾之輔
> 発行所　北多摩書房株式会社
> 　　　　〒190-××××
> 　　　　東京都立川市○-△-□
> 　　　　電話　042-××××-××××
> 印刷所　○×印刷

12 本で調べる ⑤参考図書

はじめの一冊はここから

　図書館で調べものをする時、みなさんは最初にどの本を手に取るでしょうか。とりあえず関係しそうな本棚に行き、本を見つけようとする人も多いことでしょう。でも、どんなテーマでも、調査の最初の段階でとても役に立つ参考図書と呼ばれる種類の本があるのです。

参考図書とは

　参考図書はまたの名をレファレンスブックスといい、事典や辞書のように、何かを調べるのに特化した本のことを指します。調べる内容によって使う種類も違います。特徴を知ってうまく活用しましょう。

参考図書の特徴
- 必要なことを調べるために、通して読まずにピンポイントで使う。
- 説明が必要最小限で簡潔。しかも信頼性が高い（ただし、出版年によっては古くて使えない情報もある）。
- 図書館では、ふつうの本とは別の本棚にあることが多い。
- 基本的に貸出利用はできない。

参考図書の種類

　参考図書にはさまざまな種類があります。何十冊にもおよぶ百科事典から、国語辞典などの辞典類、年鑑・白書などの統計的な資料に、地図帳などもあります。それぞれの特徴を理解し、調べたいことに合った参考図書を利用してください。

　また、あなたが探している言葉が項目になくても、違う表現で項目になっているかもしれません。「索引」からも探してみましょう。

▶索引について知りたい　　➡ 2章11へ

(1) 事典

百科事典
色々な分野の内容を調べる時に使う。テーマ決めの最強ツール！

事柄を解説しているもの。通称「ことてん」(例：百科事典・専門事典)。大きな百科事典では何十冊にもなることがあり、さまざまな項目が用意されています。何かを調べる時に、最初に使うと便利です。

図書館には複数の百科事典が置かれています。複数の百科事典を調べると、そのテーマについての基礎知識を得ることができます。

百科事典以外にも、対象が特定のジャンルに絞られている専門事典が数多くあります。哲学、歴史、教育、化学、物理学など、調べるジャンルが特定されていれば、それらの事典を利用するとより深くて正確な情報を得られます。

『ポプラディア』ポプラ社
小・中・高校生向け。学校の調べものに向いている。

『世界大百科事典』平凡社
一般向け。全34巻。索引は42万語にもなる。

(2) 辞典

国語辞典
言葉の意味を調べる時に使う。今まで使ったことがある参考図書ナンバーワン！

類語辞典（シソーラス）
2つの使い方がある。
　①同じような意味で違う言い回し（同義語）を調べる時。
　②より広い意味の言葉（上位語）、または、よりくわしい言葉（下位語）を調べる時。

流行語・新語辞典
新しすぎて国語辞典にない言葉を調べる時に使う。

読み方・意味・語源・用例を解説しているもの。通称「ことばてん」（例：国語辞典、英和辞典、古語辞典、類語辞典、流行語辞典）。言葉の意味を知るのに最適なツールです。『広辞苑』などの大きな辞典には用例も多く採録されており、簡潔に説明されています。百科事典より比較的短い期間で改訂されることが多く、新しい用語や用例が積極的に収録されてい

ます。新しい言葉について調べる際は、最新の辞典を利用してみましょう。

　辞典のなかには、流行語辞典のように毎年新しい版が出版されるものもあります。これらは現代社会で多用されている言葉を、鮮度が高いうちに採用しているので、最新の情報を得るために役立ちます。

『朝日キーワード』朝日新聞出版
その年のトピックを新聞記者が解説している。

『現代用語の基礎知識』自由国民社
分野ごとに新語、時事用語、外来語を解説。

(3) 年鑑・統計

　一年間のできごとや統計がまとめられて年に1回発行されるもの（例：新聞社発行の年鑑、各専門分野の年鑑、『理科年表』、『世界国勢図会』、『日本国勢図会』など）。毎年同じ形式で発行されているため、過去の同じ本のデータと比較することで、年ごとの変化を知ることができます。年鑑で見つけたデータをもとに図や表にまとめるとレポートの説得力が増します。

『世界年鑑』共同通信社
世界の国々のデータや主なできごとが載っている。

『理科年表』丸善出版
科学のあらゆる分野を網羅したデータブック。

『日本国勢図会』矢野恒太記念会
日本のあらゆる分野の統計を掲載。毎年発行。

『データブック オブ・ザ・ワールド』二宮書店
世界の統計とともに世界各地の要覧（気候や国の現状、産業など）が掲載されている。

(4) 図鑑

　ある分野について系統的に図や写真を用いて説明したもの（例：動物図鑑、植物図鑑）。カラー印刷で図や写真を多く採用しているので、物事の色や形もはっきりとわかります。専門の図鑑になると、ほかでは知るこ

『NEO 野菜と果物』小学館
写真やイラストが豊富。小学生から使える図鑑。

『世界の民族衣装文化図鑑』柊風舎
各地域の民族衣装を自然環境や歴史的背景を含め紹介。

とのできないような細かな違いも知ることができます。ある程度調査が進み、細かい点まで調べる必要が出てきた時に役立ちます。

（5）地図帳

　地球の地理的な形状や状態を平面上に縮尺して描いたもの（例：日本地図、世界地図）。地理的な位置関係や気候風土について知ることができます。特定の地域にしか発生しない事象を調べる時などに活躍することでしょう。紙の資料なら、大きく広げて見ることができます。また、道路地図などは、インタビューやフィールドワークに出かける際に、調査する場所を特定するのにも役立ちます。

『新詳高等地図』帝国書院
テーマごとの地域資料図もあり。

『地球情報地図』創元社
50の地図で社会問題などを視覚的に表現している。

（6）白書

　主に政府の各府省庁が、ある分野の現状の分析や見通しを報告したもの（例：『エネルギー白書』〈経済産業省〉、『外交青書』〈外務省〉、『環境白書・循環型社会白書・生物多様性白書』〈環境省〉）。各府省庁に関係する分野の政策について説明するために作成しており、各府省庁が扱う特定分野での問題と、それに対して政府がどのような対策を行っているか知ることができます。

『白書の白書』木本書店
政府の各府省庁が発行している41の白書を簡単に紹介している。主なデータも掲載。白書の種類を知りたい時にも使える。

▶白書をインターネットで見る　　　➡ 2章15へ
▶白書についてくわしく知りたい　　➡ 2章15へ
▶インターネットでデータを調べたい　➡ 2章15へ
▶調べたことをメモしておこう　　　➡ 3章18へ

13
インターネットで調べる ①ウェブサイト

便利だけど落とし穴も！

　調べものをする時に、インターネットはとても便利です。その一方で、気づかずに間違った情報を入手してしまうこともあります。ここではよく利用されるウィキペディアを例にして、ウェブサイトの上手な利用法を知りましょう。

ウェブサイト〜特徴をつかもう〜

　調べる時に、何も考えずにパソコンやスマートフォンでインターネットを検索してしまうあなた、ちょっと待って！　ウェブサイトにも、得意分野（よい点）と不得意分野（弱点）があります。それらを理解した上でウェブサイトを使いましょう。

よい点	弱　点
・最新情報がある ・検索が簡単にでき、情報を探しやすい ・音声や写真、動画を見ることができる	・誰が書いているのかわからない情報も多い ・信頼できない情報も存在する ・検索結果が多すぎて選びきれないことがある ・端末や電源がないと見ることができない

ウィキペディア
〜百科事典と同じく、手始めに見るもの〜

　ウィキペディアは、誰もが無料で利用できる百科事典です。インターネットで検索をすると、検索結果の上位にウィキペディアのページが表示されることがよくあります。よくまとまっている項目も多く、無料で利用できるため、多くの人が利用したり、参考にしたりしています。みなさんも何度となくウィキペディアを見たことがあるのではないでしょうか。

　では、そんな便利なウィキペディアの記事が、どのようにして作られているか知っていますか？　そして、ウィキペディアの記事を読む時に、注

意すべき点は何でしょうか？　それを確認していきましょう。ウィキペディアを見るポイントがつかめるはずです。

<どうやって記事が作られているの？>
　ウィキペディアで「ウィキペディア」を調べてみると「誰もが無料で自由に編集に参加できる」と書いてあります。つまり、この本を読んでいるあなたも、ウィキペディアに記事を書こうと思えば書くことができます。昔からある紙の百科事典にはない、ネットならではの特徴です。
　ウィキペディアに書いてあることが、間違っていたり、内容が古くなっ

多くの人が記事を更新することで、正確な記事をめざす。
しかし、常に更新されるかはわからない。

てしまっていたりしたら、すぐに書き換えることができます。この点も特徴のひとつです。紙の百科事典の場合、改訂されるまでに20年かかることもあります。ウィキペディアは、こうして間違いや情報の古さを、多くの人の目を通して更新し続けることで、よりよい記事ができ、百科事典としての信頼性を高めていこうとしています。
　その一方で、間違った記事や、内容が古くなってしまった記事でも、誰かが更新しなければ、そのままずっと残ります。出版社が出している百科事典では「ほんとうに間違っていないのか」を専門家が確認する作業があるのに対し、ウィキペディアにはその作業がないのです。ウィキペディアを全面的に信用してはいけないという大きな理由は、ここにあります。

<ウィキペディア、ここも見てみよう→さらに検索を！>

　ウィキペディアの記事には、記事を書く時に参考にした情報源、つまり出典や参考文献が書かれています。そこに書かれているウェブサイトや本・雑誌を見て、記事の元になった情報を確認しましょう。また、記事に関連するウェブサイトを紹介する「外部リンク」という項目もあります。そちらからくわしい内容を確認してもよいでしょう。

　ウィキペディアは、ほかの百科事典同様、調べる時の手始めとして使うものです。これに限らず、本でもインターネットでも、一冊の本、ひとつのサイトを見ただけで「これでOK」と終わらせず、幅広く調べましょう。

> ウィキペディアを見る時は参考文献や引用元を確認しましょう。
> また、いろいろなウェブサイトも調べましょう。

▶紙の百科事典の特徴は？　　　➡ 2章12へ

情報を見極める～「か・ち・も・な・い」サイトを見極めよう!～

　インターネットの情報は玉石混淆だと言われています。場合によっては、とんでもない情報をつかんでしまう可能性が高いのも事実です。そうならないためには、ウェブサイトを見極める眼をもたなくてはいけません。では、どの点に注意すればいいのでしょう？　キーワードは「か・ち・も・な・い」です。右のページを見て、何に気をつけたらよいのかを確認していきましょう。

か いた人は誰？　　**ち** がう情報と比べた？　　**も** とネタは何？

な んの目的で書かれている？　　**い** つの情報？

か

＜書いた人は誰？＞

まず、誰が書いたかを確認しましょう。書いた人がわからない場合は、別のウェブサイトを調べましょう。できるだけ、専門家が書いたサイトで調べましょう。

> **※どこを見ればわかる？**
> トップページの下のほうや隅のほうにある「このサイトについて」「管理者」「問い合わせ先」「著作権」「About us」「copyright」などを探し、クリックしてみよう。

ち

＜違う情報と比べた？＞

ひとつのウェブサイトだけではダメ！ 複数のサイトを調べ、同じ点・違う点を比べましょう。もちろん、書いた人が違うサイトですよ。

も

＜もとネタは何？＞

- 誰が書いたかを確認しましょう。
  書いた人がわからない場合は、別のウェブサイトを調べましょう。できるだけ、専門家が書いたサイトで調べましょう。

- 引用元や参考文献も見てみましょう。
  引用や参考文献が書いてある場合は、必ずもとのサイトや資料を確認しましょう。都合よく書き換えている場合もありますよ。逆に、参考文献や引用がまったくないサイトには注意！ 思い込みで書いていることがあるので、別のサイトを調べましょう。

な

＜何の目的で書かれている？＞

たとえば販売目的のウェブサイトは、売るために都合がいいデータしか載せません。見ているサイトはどんな目的で書かれたのでしょうか？ 最後まできちんと読み込みましょう。

い

＜いつの情報？＞

「更新日」を確認しましょう。古い情報は、現在とは違う可能性があります。

2章

▶ テーマを決めている途中の人は　　　➡ 1章04へ
▶ インターネットでデータを調べたい　　➡ 2章15へ
▶ 調べたことはメモしておこう　　　　　➡ 3章18へ

14 インターネットで調べる ② 検索のコツ

少しの工夫で結果が変わる

　インターネットで情報を検索する機会は多くあります。その時に、単にキーワードを検索窓に打ち込むのではなく、ちょっと工夫をすると、より効果的に検索することができます。その具体的な方法を知りましょう。

検索語が変わると結果も変わる
〜その単語(言葉)だけでだいじょうぶ?〜

　検索をする時にキーワードをちょっと変えてみると、求めている情報が出てくるかもしれません。ひとつのキーワードだけでなく、関連するいろいろな言葉で検索してみましょう。キーワードを見つけるには、こんな方法があります。

テーマ設定で考えたキーワードで調べる

「テーマ設定」ではマインドマップや５W１Hを書きましたね。そこで作ったワークシートを取り出して、もう一度見直してみましょう。意味が似たような単語だけど、ちょっと違うという言葉はありませんか？　もし見つけたら、その言葉を使って調べてみましょう。

▶キーワードを見直す　　　　　➡ 1章04、05へ

同じような意味だけど別の言葉を探したい→『類語辞典』を使う

『類語辞典』は同じような意味をもつ言葉を調べるための辞典です。ふつうの国語辞典は、五十音順に言葉の意味を調べますが、類語辞典では意味の似ている言葉をまとめて調べることができます。文章を書く時に同じ表現をくり返し使わないように別の言い回しを探したり、より文脈に適した単語を見つける時にも類語辞典を使います。

類語辞典は基本的な資料として図書館にありますが、インターネット上にも類語辞典はあります。代表的なものはWeblio類語辞典です。

・Weblio類語辞典　https://thesaurus.weblio.jp/
(例)「エンジン」をWeblio類語辞典で調べてみると……

> 「発動機」「原動機」「機関」「電動機」が検索されました。

検索結果を絞り込みたい時は？

　インターネットで検索をすると、とても多くの情報が見つかります。ほしい情報がどのサイトにあるのかを一つひとつ確認するのは、検索結果が多いほど大変です。では、どうすればいいでしょうか？
　検索をする時に、単語ひとつを入力するのではなく、複数の単語に条件をつけて組み合わせることで、検索結果を絞り込むことができます。以下にいくつかの例を紹介します。どの方法で調べたらいいのかを、いろいろと試しながら調べてみましょう。

ＡＮＤ検索（ＡとＢ両方を含む）

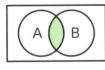

　検索窓に２つ以上のキーワードを入力し、両方のキーワードが含まれているウェブサイトを表示させる方法です。

AND検索
○どんな検索方法？　2つ以上のキーワードを含むウェブサイトを検索する方法
○どうやって入力する？

｜犬　猫｜
キーワードの間にスペース（空白）を入れる

これはどういう意味？
「犬」と「猫」の両方を含むウェブページを探す

NOT検索（AのうちBはなし）

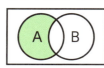

検索窓に2つ以上のキーワードを入力し、マイナス記号をつけたキーワードを含まないウェブサイトだけを、検索結果に表示させる方法です。

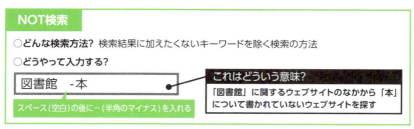

OR検索（AかBどちらか）

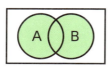

検索窓に入力した2つ以上のキーワードのどちらかが含まれているウェブサイトを表示させる方法です。

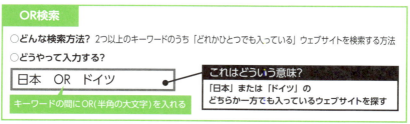

完全一致検索

検索窓に" "（ダブルクォーテーション）で挟んだキーワードを入力します。キーワードと完全に同じ表現があるウェブサイトだけが表示されます。

完全一致検索

○ どんな検索方法？ 入力したキーワードに一致するものだけを検索する方法
○ どうやって入力する？

"東京大学"

キーワードの前後に " "（引用符）を入れる

これはどういう意味？
「東京大学」と書いてあるウェブサイトだけを探す
※「東京の大学」「東京○△大学」などは検索結果に含まれない

ここで紹介した4つの検索方法は、本の検索（図書館の蔵書検索用のコンピュータ）でも使える場合があります。ぜひ試してください。

もっとある検索の"コツ"
一部があやふやな時は、＊（半角のアスタリスク）を使おう

たとえば、ことわざで「人のうわさも…日」。何日だったかな？　というような場合に使えます。

一部があやふやな時は

○ どうやって入力する？

人のうわさも＊日

わからないところに＊（半角のアスタリスク）を入力する。

固有名詞（会社名など）のウェブサイトを一発で表示する裏ワザ（Google限定）

Googleの検索窓にキーワードを入れて「I'm Feeling Lucky」をクリックすると、1回でウェブサイトが表示されます。これはパソコンでの検索の時に利用できます。

▶調べたことはメモしておこう　　➡ 3章18へ

15 インターネットで調べる ③ 統計や白書を活用しよう

レポートの説得力アップ！

　レポートに主張を裏づけるデータを加えると、説得力のあるものになります。統計データは新しいものが求められるため、インターネットで最新のものを調べるとよいでしょう。ここではインターネットでどのようにデータを探したらいいか紹介します。

資料や統計データを活用してみよう

　レポートを書く時に、ただ自分が伝えたいこと（持論）だけを主張してもよいレポートにはなりません。論点を裏づけてくれる客観的な資料や統計データを引用することで、説得力が生まれるとともに、レポートの内容も明確になります。下の2つの文を読み比べてみてください。

> （A）電気自動車の年間販売台数は増えている。
> （B）電気自動車の年間販売台数は、2010年は6,983台だったのが、2015年には13,282台と増えている。
>
> 　　　　　　　　　　　　　　　（データ出典：『日本国勢図会2017／18』）

　どちらの文でも「電気自動車の販売台数が増えている」ことを伝えています。しかし（B）は、具体的な統計データを加えることで、大幅に説得力が増し、より主張したい点、つまり電気自動車の年間販売台数が増えている点がより明確になります。統計データを使うことで、読み手も客観的な判断ができるようになり、レポートの信頼性がアップするのです。

統計を探してみる

　グラフや表はさまざまな場面で目にします。しかし、統計結果を都合のいいように編集していることもあります。統計を引用する時は、元データ

をきちんと確認しましょう。一般的には、官公庁などの公的機関が作成した統計を利用するのが確実です。

政府が公開している統計サイト

- 『なるほど統計学園』
  https://www.stat.go.jp/naruhodo/
  総務省統計局が公開している児童生徒向け統計サイト。統計の基礎知識やデータの探し方、グラフの作り方などを知ることができます。
- 『政府統計の総合窓口　e-Stat』
  https://www.e-stat.go.jp/
  政府各府省庁が、インターネット上で提供している統計資料を検索できる便利なウェブサイトです。統計を探す時には、まずこのサイトを見てみましょう。

さまざまな統計サイト

統計は、政府以外も作成しています。総務省統計局のウェブサイトには、政府以外の機関が作成した統計のリンク集があります。

- 総務省統計局　リンク集
  https://www.stat.go.jp/info/link/index.html
  政府統計以外にも都道府県や法人・企業の統計機関、WHOなどの国際機関、外国政府の統計機関なども統計を公表しており、それらを集めたリンク集です。国際機関や外国政府の統計機関のウェブサイトは、日本語で表記されてないサイトが多いですが、外国の統計を知りたい時は見てみましょう。

白書で調べる

　政府の各府省庁が発行している白書には、多くの統計データが掲載されています。調べているテーマに関連する白書については、ぜひ参考にしましょう。本としても出版されていますが、多くの白書が各府省庁のウェブサイトで公開され、全文を読むことができます。

　見たい白書が決まっている時は、検索サイトで「○○白書」と直接検索するとすぐに見つけることができます。いくつかの白書を比較したい時には、以下のウェブサイトを利用すると便利です。

- 『e-Govポータル』
  https://www.e-gov.go.jp/
  政府に関する情報が集まっているウェブサイトです。61ページで紹介した『政府統計の総合窓口　e-Stat』もこのサイトから見ることができます。

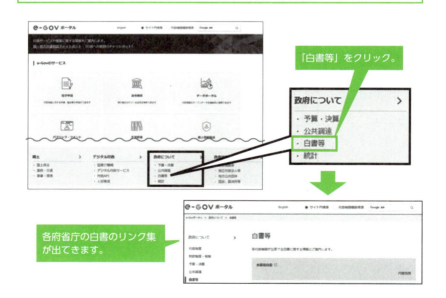

▶白書とは？　　　➡ 2章12へ

白書・統計の豆知識

なぜ「白書」？

政府各府省庁が発行している報告書の「白書」。なぜ「白書」なのでしょうか？ それは、イギリス政府が外交の内容を国民に知らせるために出した文書の表紙が「白」だったことから、白書（White Paper）と呼ばれるようになったことに由来します。日本では、1947年の片山内閣が出した「経済白書」が始まりで、これがほかの各府省庁にも広まり、政府各府省庁の公式報告書を「白書」と呼ぶようになりました。

外務省には「白書」がない!?

実は外務省には「白書」がありません。なぜでしょうか？ 決して外務省が公式報告書を作成していないということではありません。外務省の公式報告書は『外交青書』というのです。それでは、なぜ「青」なのでしょうか？ これもイギリスに由来しています。イギリス議会の外交委員会の報告書は、表紙が「青」でありBlue Bookと呼ばれていたことから、イギリスの伝統にならって日本でも、外務省の公式報告書を「青書」と呼ぶようになったのです。

日本で『外交青書』という名称を使うようになったのは、1987(昭和62)年版からです。それ以前は『わが外交の近況』というタイトルでした。

公的統計とは？

行政機関や地方公共団体、独立行政法人などが作成する統計を「公的統計」といいます。国全体の状態や活動を表す統計のほとんどが公的統計であり、調査結果は公開するのが原則です。公的統計を利用して、政策の企画立案や行政サービスの改善などを行います。また、民間企業でもさまざまな形で利用されています。

公的統計は信頼度が高いといえるでしょう。レポートの作成では、ぜひ活用してみてください。61ページで紹介した3つのウェブサイトの統計は、公的統計が公表されたものです。どんな統計があるのか実際に見てみましょう。

▶調べたことはメモしておこう　　➡ 3章18へ

インターネットで調べる ④ オンラインデータベース

的確な情報をインターネットで入手する

　ウソもホントもごちゃ混ぜに存在しているインターネットの世界で、信頼性の高い情報を入手できる手段がオンラインデータベースです（無料の百科事典より信頼できる情報を得ることができます）。オンラインデータベースの基礎知識を身につけ、レポート作成に活用できるようになりましょう。

オンラインデータベースとは

　オンラインデータベースは、みなさんにとって耳慣れない言葉だと思います。世の中にある大量の情報を選別・整理し、使いやすくまとめたものが参考図書です。オンラインデータベースは、そのような参考図書の情報をインターネットにつながった端末（コンピュータやタブレットなど）で見ることができるツールです。

　つまり、百科事典や辞書、人物事典、科学事典といった、紙で書かれた参考図書の中身がコンピュータで検索できるのです。紙の資料である参考図書と比べた場合、長所と短所は下の通りです。

　すぐに調べられそうなものは参考図書で調べ、新聞記事のように、情報を探すのに手間がかかる場合にオンラインデータベースを利用するなど、必要に応じて使い分けると調査の効率がアップします。

長所	短所
・キーワードを入力しただけで、簡単に調べることができる ・情報量が多い ・情報がひんぱんに更新される	・個人で使う場合、有料であることが多い ・無料で利用するためには公共図書館に行く必要がある。また、プリントアウトする時も費用がかかる

オンラインデータベースの種類

　オンラインデータベースには、利用の目的に合わせたさまざまな種類があります。ここでは中高生にも使いやすくて便利なオンラインデータベースを紹介します。

●辞典・事典

　調べものの基本ツールである辞書や事典も電子化されています。紙の資料ならば何十冊にもなる辞典類をまとめて検索することができ、ヒットした項目をまとめて表示してくれるので便利です。

「ジャパンナレッジ」（ネットアドバンス）
「ブリタニカ・オンライン・ジャパン」（ブリタニカ・ジャパン）
「Sagasokka!（さがそっか!）」（ポプラ社）

●雑誌の記事検索

　調査のテーマに合った雑誌記事を、さまざまな種類の雑誌から探し出すのは非常に手間がかかりますが、このデータベースを使うと一般の雑誌から学術雑誌まで、幅広い雑誌記事の検索ができます。

「MagazinePlus」（日外アソシエーツ）

●総合人物情報

　ある人物の伝記的事項や業績を調べる時には人名事典を使います。このツールでは約60万人に及ぶ人物情報を一括して検索することができます。

「WhoPlus」（日外アソシエーツ）

●科学データ集

　自然科学のデータ集である『理科年表』のオンライン版です。過去の『理科年表』のデータも検索することができ、図や表もダウンロード可能です。理系のレポートで活躍します。

「理科年表プレミアム」（丸善出版）

オンラインデータベースで過去の新聞記事を探そう

　論文やレポートで主張の根拠を探す時には、過去に起きたできごとやそれに対するさまざまな意見を知ることが必要です。そのためには新聞記事が役立ちます。では、どうやって集めたらいいでしょうか？

インターネットで調べる

　比較的新しい記事であれば、各新聞社のウェブサイトで調べることができます。しかし、無料で記事を読める期間は限られます。

実際の新聞記事や縮刷版を見る

　縮刷版は便利ですが、所蔵している図書館に行く必要がある上、記事を索引から見つける手間があります。

新聞記事オンラインデータベースを利用する

　便利なのが、新聞記事オンラインデータベースです。過去何十年分もの新聞記事をまとめて検索することができます。

主な新聞記事データベース

朝日新聞　「朝日けんさくくん」「朝日新聞クロスサーチ」
読売新聞　「ヨミダス」「ヨミダススクール」
毎日新聞　「毎索」「毎索ジュニア」
産経新聞　「産経新聞データベース」
中日新聞・東京新聞　「中日新聞・東京新聞記事データベース」
日本経済新聞　「日経テレコン」
新聞・雑誌記事横断検索データサービス　「G-Search」

オンラインデータベースを図書館で利用する

　代表的なオンラインデータベースを紹介しましたが、個人でこれらのサービスを使おうとすると、契約が必要でお金もかかります。でも、個人で契約をしなくても、公共図書館で利用することができます。たいていの場合、印刷には費用がかかりますが利用は無料です。オンラインデータベースが利用できるかどうか、どんな種類があるかは、それぞれの図書館のホームページで確認してみましょう。また、学校図書館で使えることも

あるので、学校司書に相談してみてください。
　下の例のように各都道府県の中央図書館ではオンラインデータベースの情報を提供している場合があります。

> ### 例：東京都のデータベース情報（都立中央図書館提供）
> 　東京都では、使いたいオンラインデータベースが都内のどの公共図書館にあるかを調べることができます。
> **東京都立図書館 ＞ 東京の公立図書館情報 ＞都立公立図書館インターネット等サービス状況**
> https://www.library.metro.tokyo.lg.jp/lib_info_tokyo/public/internet/index.html

論文検索データベースを活用する

　学術雑誌に掲載されている論文は、レポートを書く時にとても参考になります。専門的すぎて読みこなすのが難しいかもしれませんが、同じテーマを扱っている先行論文があれば、目を通してみましょう。論文を探すには以下のデータベースが便利です。

> ### 無料で使える論文検索データベース　～先行研究を調べる～
> ・**CiNii Research**（サイニィ リサーチ）　国立情報学研究所　https://cir.nii.ac.jp/
> 日本で出された論文や大学図書館の本を探すことができる。オープンアクセス（無料で読める）の論文も増えている。
> ・**J-STAGE**（ジェイ・ステージ）
> 科学技術振興機構　https://www.jstage.jst.go.jp/browse/-char/ja
> 理系に強い。多くの論文を無料で読むことができる。
> ・**Google Scholar**（グーグル スカラー）
> Google　https://scholar.google.co.jp/
> 無料で読める論文も多い。本文の語句まで検索されてしまうので、「検索のコツ」（2章14）で学んだ技を活用しよう！

▶調べたことはメモしておこう　　　➡ **3章18へ**

3章

情報メモを作る

17 情報収集とメモ作りのポイント

きちんとまとめておけば、後がラクになる

　レポートを作成するには多くの資料が必要です。見つけた情報とその情報源についてきちんと記録し、整理しておかないと、肝心な時に確認できずに困ってしまいます。逆に言うと、記録さえしておけば、後がとってもラクになるということ。適切な情報を集めて整理するポイントをおさえておきましょう。

記録を取る意味

　レポートを書くためには、さまざまな情報を集めることになります。どんなに情報を集めても、どこにどんな情報があったかがわからなければ、一から調べ直すことにもなりかねません。レポートを料理にたとえるなら、集めた情報は食材です。どんなにたくさんの食材（情報）があっても、それをどう使うかを考えないと、料理（レポート）はできません。

　そんなことにならないためにも、調べたらすぐに、その情報についての記録を取りましょう。後で情報を比較するために、大きさや様式もそろえておくと、保管や記入もしやすくなり、一石二鳥です。また、参考文献にリストをまとめる際にも役立ちます。この本では、その記録のことを「情報メモ」と呼びます。

　より適切な情報を集めて「情報メモ」が増えれば、レポートのレベルがぐんと上がりますよ。

▶情報の整理法は？　　　　　　　➡ 4章19へ

情報を集める時のポイント

●調べる時は目的をもって！

　なんとなくではよい情報は見つかりません。「今日は、東京の気温の変化に

ついて調べよう」というように、目的をもって調べましょう。特にインターネットの場合、いくつものウェブサイトを漠然と見るだけになりがちなので、要注意です。

●情報の量は十分にある？

情報は多く集めて比較したほうが、よりよい情報を選ぶことができます。できるだけ多くの資料に当たって調べるようにしましょう。

●似たような情報ばかりになっていない？

集めた情報が、同じような意見ばかりになっていませんか？　主張したいことに対して、賛成・反対両方の意見を集めておくと、レポートを深く掘り下げて書くことができます。

●同じ情報源になっていない？

同じ著者の本だけ、同じ新聞の記事だけ、同じウェブサイトだけなど、情報源が偏っていませんか？　それぞれのメディアで複数の情報源を使いましょう。

●インターネット情報だけではない？

インターネットは非常に便利ですが、不確かな情報も多くあります。本や新聞などほかの情報源も使って調べて、その情報の裏づけを取りましょう。

3章

情報メモを作ろう

調べた情報について、それぞれ情報メモを作ります。78 〜 80ページに情報メモの「ワークシート」を用意しました。コピーして使いましょう。これを参考に自分でアレンジしてもいいです。作成のポイントは以下の通りです。

●情報ひとつにつき1枚

わかりづらくなるので、1枚の情報メモに複数のデータは載せないようにしましょう。

●情報メモは1冊のファイルにまとめる

1冊のファイルにまとめておくことで、紛失を防ぎます。

●メモ欄に考えたことを書き込む

その情報を読んで気づいた点や、レポートに活かせる点などをメモ欄に書き込みましょう。発想が豊かになり、つぎに何を調べたらいいか、何が足りないかなどがわかり、調査に広がりが出てきます。

18 各資料ごとの情報メモの作り方

出典が大切、ここをメモ!

本から情報メモを作る

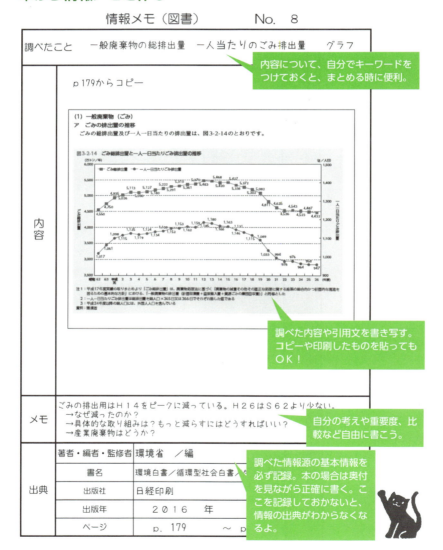

情報メモ（図書）　　　No. 8

調べたこと	一般廃棄物の総排出量　一人当たりのごみ排出量　グラフ
内容	p179からコピー（※内容について、自分でキーワードをつけておくと、まとめる時に便利。／調べた内容や引用文を書き写す。コピーや印刷したものを貼ってもOK！）
メモ	ごみの排出用はH14をピークに減っている。H26はS62より少ない。 →なぜ減ったのか？ →具体的な取り組みは？もっと減らすにはどうすればいい？ →産業廃棄物はどうか？ （自分の考えや重要度、比較など自由に書こう。）
出典	著者・編者・監修者：環境省　／編 書名：環境白書／循環型社会白書／… 出版社：日経印刷 出版年：２０１６年 ページ：p. 179 ～ p.

調べた情報源の基本情報を必ず記録。本の場合は奥付を見ながら正確に書く。ここを記録しておかないと、情報の出典がわからなくなるよ。

本には、著者や出版年など、その本についての情報をまとめた「奥付」というページがあります。出典の欄はこの部分から著者名・書名・出版社・出版年を記録します。奥付の例と出典の書き方の例を紹介します。これを参考に忘れずに記録をつけましょう。

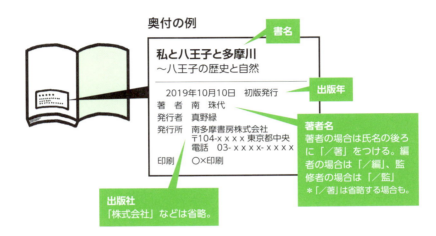

参考文献の書き方の例

著者名『書名』出版社, 出版年
南 珠代　『私と八王子と多摩川』南多摩書房, 2019

知っておくとレベルアップ
＜版と刷　知っていると違うよ！＞
版：版組を作り直して、改訂を加えたもの　→　内容が変わっている
刷：その版をそのまま印刷しただけのもの　→　内容は変わっていない

このような奥付の場合……

| 2003年3月15日　初版発行 |
| 2011年5月15日　第3版　第1刷発行 |
| 2013年6月30日　第3版　第3刷発行 |

記録しておく出版年は2011年です。

3章

新聞・雑誌から情報メモを作る

> 内容について、自分でキーワードを
> つけておくと、まとめる時に便利。

情報メモ（新聞・雑誌）　　No.　14

調べたこと　ペットボトル回収　リサイクル

内容

ペットボトル回収100％再利用へ

> 調べた内容や引用文を書き写す。
> 記事のコピーや印刷したものを貼
> るのでもＯＫ！

大手飲料メーカー
五社は、5日飲料用
ペットボトルをすべ
て回収し、再利用する
計画を……

小売店の協力がカギ／ 回収業者は

> 調べた情報源の基本情報を必ず記録する。
> **新聞：新聞名・見出し・朝夕刊・版・面・発行日付**
> **雑誌：雑誌名・記事タイトル・巻号・ページ・出版年**
> ここを記録しておかないと、情報の出典がわからなくなるよ。

メモ
今までペットボトルは１００％回収できていなかったのか？
ペットボトル以外で、マイクロプラスチックの問題の取り組み

出典

見出し/記事名	ペットボトル回収100％再利用へ
紙名/誌名	夕日新聞
執筆者	
日付/出版年	２０１９年　２月　６　日
通算号数/巻号	巻　　　号
朝夕刊・版	㊞／夕　　13　版
面ページ	p. 24　～ p.

●新聞の場合

　紙面のいちばん上の部分に、新聞名と発行の日付、版などの情報が書かれています。朝刊か夕刊か、また何面（本でいえばページのこと）にあった記事なのか、記載（きさい）を忘れないようにしましょう。

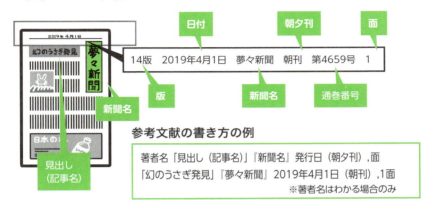

参考文献の書き方の例

著者名「見出し（記事名）」『新聞名』発行日（朝夕刊），面
「幻のうさぎ発見」『夢々新聞』2019年4月1日（朝刊），1面
　　　　　　　　　　　　　　　※著者名はわかる場合のみ

●雑誌の場合

　雑誌の情報は表紙か裏表紙のどちらかに、出版年月日、出版社、巻、号が書かれています。目立たないように書かれていることが多いので、よく探してみましょう。

参考文献の書き方の例

著者名「見出し（記事名）」『雑誌名』巻号，ページ
南 珠代「ロボットは人になれるか?」『月刊○×ジャーナル』2019年10月号（vol.321），p.16
　　　　　　　　　　　　　　　※著者名はわかる場合のみ

インターネットから情報メモを作る

> 内容について、自分でキーワードを
> つけておくと、まとめる時に便利。

情報メモ（インターネット）　　No.　5

調べたこと	日本の温室効果ガス排出量

> 調べた内容や引用
> 文を書き写す。
> コピーや印刷した
> ものを貼るのでも
> OK！

内容

3　日本の温室効果ガスの排出状況

2015年度の温室効果ガス総排出量は、約13億2,500万トンCO_2でした。前年度（度）/2013年度の総排出量（13億6,400万トンCO_2／14億900万トンCO_2）と比電力消費量の減少（省エネ、冷夏・暖冬等）や電力の排出原単位の改善（再生ギーの導入拡大や原発の再稼働等）に伴う電力由来のCO_2排出量の減少により、ギー起源のCO_2排出量が減少したことなどから、前年度比2.9%、2013年度比6.0

図1-1-4　日本の温室効果ガス排出量

（億トンCO_2換算）

注：今後、各種
　量は変更さ
資料：環境省

> 調べた情報源の基本情報を必ず記録する。
> **ウェブサイトの開設者・ページのタイトル・トップページの
> タイトル・URL・参照日**
> ここを記録しておかないと、情報の出典がわからなくなるよ。

> インターネット上の情報は、
> 内容の書き換えが簡単なの
> で、いつの時点の情報か記録
> しよう。

メモ	信頼性◎ CO_2 は減ってる？　２００９年と２０１５年に伺

出典	ウェブサイトの開設者	環境省
	ページのタイトル	環境白書・循環型社会白書・生物多様性白書　平成２９年版 第２部第1章　低炭素社会の構築　3．日本の温室効果ガスの排出状況
	トップページのタイトル	環境省　環境白書・循環型社会白書・生物多様性白書　平成２９年度版
	URL	http://www.env.go.jp/policy/hakusyo/h29/html/hj17020101.html
	参照日	２０１９ 年　　５月　１０日 参照

インターネットの出典の取り方は少し特殊です。

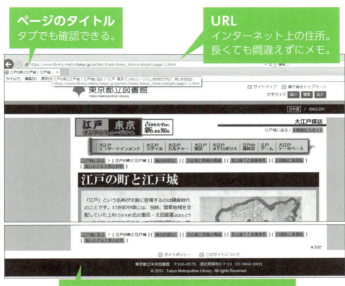

ページのタイトル
タブでも確認できる。

URL
インターネット上の住所。
長くても間違えずにメモ。

ウェブサイトの開設者（著作者）
基本的に最下部にあります。誰が作ったのか
わからないサイトはレポートに向きません。

参考文献の書き方の例

ウェブサイトの開設者「ページのタイトル」『トップページタイトル』URL，参照日
東京都立中央図書館「江戸の町と江戸城」『江戸東京デジタルミュージアム』
https://www.library.metro.tokyo.jp/Portals/0/edo/tokyo_library/
edojoh/page1-1.html，参照日：2018.5.10

情報メモの代わりに、自分で記録用のルーズリーフを用意するのもＯＫです。
パソコンやスマートフォンで記録する場合には、専用のフォーマットやフォルダー
を作ったり、メモのアプリなどを活用したりするとよいでしょう。この場合も、
「情報ひとつにつき、シート（ファイル）はひとつ」「出典は必ず記録する」が大原
則です。

▶参考文献リストのまとめ方は？　　➡ **4章24へ**

使ってみよう

情報メモ（図書）　　No.

調べたこと		
内容		
メモ		
出典	著者・編者・監修者	
	書名	
	出版社	
	出版年	年
	ページ	p.　　　～p.

使ってみよう

情報メモ（新聞・雑誌）　　No.

調べたこと		
内容		
メモ		
出典	見出し／記事名	
	紙名／誌名	
	執筆者	
	日付／出版年	年　　　月　　　日
	通算号数／巻号	
	朝夕刊・版	朝／夕　　　版
	面／ページ	p.　　　〜 p.

3章

使ってみよう

情報メモ（インターネット）　　No.

調べたこと		
内容		
メモ		
出典	ウェブサイトの開設者	
	ページのタイトル	
	トップページのタイトル	
	URL	
	参照日	年　　　　月　　　　日参照

4章

レポート・論文を書く

19 情報を分類しよう

書き始める前に

　情報が集まったからさっそく書き始めようと思ったあなた、ちょっと待って！　書く前の準備が、よいレポートへの近道です。いきなり本文を書き始めるのではなく、最初に全体の構成を考えてから書き始める習慣をつけましょう。

集めた情報を分類しよう

　3章の「情報メモを作る」で、さまざまな情報源から何枚もの「情報メモ」ができたことでしょう。でも「情報メモ」がバラバラの状態ではまったく役に立ちません。「情報メモ」を活用するために、まずは「情報メモ」をもう一度よく見直してみる必要があります。

　「情報メモ」を綴じてあるファイルから「情報メモ」を全部出して、机の上に並べてみましょう。たくさんの「情報メモ」があるので、机は大きいほうがいいですね。

　机の上に並べた「情報メモ」を一つひとつじっくりと読み、内容が似ていたり、関連性があったりする「情報メモ」をひとまとめにしていきましょう。情報の仲間を集めるイメージでやってみてください。

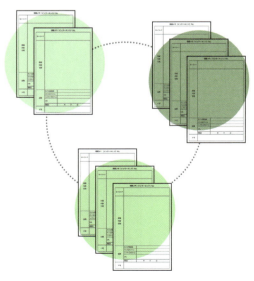

　すると、机の上にいくつかの「情報メモ」の集まりができます。この集

まりを、今度はレポートの流れを意識して左から右に並べて置いていきましょう。左側が前で、右側が後ろになるようにしてください。「情報メモ」に書かれた内容が前後できちんとつながるように意識して並べ直してください。

　このように並べ直した「情報メモ」の集まりの順番が、みなさんがこれから取り組むレポートの構成の基礎になります。この順番で書いていくことで、論理的に一貫した、読みやすいレポートになります。

足りない情報を補おう

　情報メモの集まりを読み直していくと、これまでに集めた情報では足りないと思うこともあるかもしれません。必要な部分が欠けていたり、根拠が不足していたり、そもそも調べるのを忘れていたりすることもあるかと思います。でもだいじょうぶ。そんな時はもう一度調査に戻りましょう。

　これまでに集めた資料をもう一度読み直す、今まで読んでいなかった資料をさらに調べる、図書館やインターネットで新しい資料を見つけ出すなどを行って、レポートの材料を増やしていきます。

▶情報が足りない場合は？　　　　　　➡ 2章06へ

・情報を集める時には、自分の主張に賛成の意見とともに反対の意見も見つけておくとレポートの中身が充実します。
・調べた情報源（本や論文、データベース、新聞など）の情報を記録することを忘れないようにしましょう。

20 構成を考えよう

アウトラインはレポートの土台

　レポートと、作文や感想文とのいちばん大きな違いは、レポートでは論理的な構成が必要ということです。集めた情報を整理して、自分の主張したいことがはっきりしたら、それをわかりやすく伝えるための構成を考えましょう。レポートでは全体を見通し、構成を考えてから書くことが大切なのです。

長い文章を書くために

　最初にレポートの構成について考えていきます。短い文章なら、思いつくままに書いても形になります。学校行事の感想文などはそのようにして書きますね。しかし、原稿用紙で2枚以上になってくると、そのような書き方ではうまくいかなくなります。長い文章を書くためにはコツがあるのです。

　新書などの目次を見ると、本の中身がいくつかの章に分けられていることに気がつきます。論じている内容ごとに章で分けられ、その章もさらに細かい項目に分けられています。レポートでは論じたい内容をあらかじめ整理しておき、一つひとつの論点を項目として積み重ねていきます。その項目の並び方こそが、レポートの構成（アウトライン）となります。

基本的なレポートの内容と構成

　レポートは「序論」→「本論」→「結論」という形で構成されます。
　この流れに沿って、みなさんのレポートの構成（アウトライン）を考え

てみましょう。ここで役立つのが、4章19で登場したファイルです。情報メモを並べ直しましたね。この情報メモの並び順が、レポートの構成のもとになります。

序論	・「序論」はいちばんはじめの部分です。ここではレポートの全体像を伝えます。 ・まずレポートの問い（論点）を書きます。それを受けて、問いに関する基本的な事柄を述べ、問いに対しどう考えているか、自分の主張を簡単に書きます。なぜその問いを扱ったのかという理由も書くといいですね。 ・**分量は全体の2割程度です。**
本論	・「本論」は論文のもっとも重要な部分です。ここでは問いに対する自分の主張と、その根拠を一つひとつ書いていきます。ここで役立つのが「情報メモ」の束です。それぞれの束をひとつの章として、もとの文献を「引用」したり、参考にしたりしながら、問いの背景や論点、自分の考えなどを書いていきましょう。 ・自分の伝えたいことがすんなりと伝わるように、文章の流れをしっかり考えてください。読んでいる人を意識して、論理的でわかりやすい構成をめざしましょう。 ・**分量は全体の6割程度です。**
結論	・「結論」では、これまで書いてきたことをまとめ、レポートを締めくくります。最後の部分になるので、明確に自分の主張を伝えてください。 ・「結論」に書く内容は、問いとそれに対する答え（主張）、根拠の簡潔なまとめや、この研究を通して学んだこと、これからどのように探究を深めていきたいかといった感想などです。 ・**分量は2割程度を目標にしてください。**

レポート構成の例

　構成の例をあげます。レポートを書く前に、このように構成を考えてみ
ましょう。それぞれの箇条書きが情報メモと対応していきます。

序論	**(問題提起)** ・新聞の記事でたくさんの食品が廃棄されている写真を見た ・ニュースで餓死した人がいると言っていた ・どうしてこのようなことが起きるのか ・どうしたらこのようなことを減らせるのか **(問い)** ・家庭で食品ロスを減らすにはどうすべきか
本論	**(論点・根拠の提示)** ・食品ロス<情報メモNo.4> ・日本で捨てられる食品の量<情報メモNo.3> ・飲食店から出る廃棄量<情報メモNo.1> ・家庭から賞味期限切れで捨てられる食品の量<情報メモNo.5> ・廃棄の理由<情報メモNo.2、6> ・家庭でできる食品ロスを減らす方法<情報メモNo.7、8>
結論	**(主張)** ・世界の国々での貧困と食糧不足を知る ・食糧生産と消費について知る ・みんなが食に関心をもつ（食育） ・インターネットの活用（不用品の交換） ・一人ひとりが自分のこととして取り組む **(問いの再提示)** ・家庭で食品ロスを減らすにはどうすべきか **(結論)** ・各自が環境問題に関心をもち、自分のこととして取り組むことで、各家庭の食品ロスを減らすことができる。そして、この取り組みは、地球環境への負荷を減らし、持続可能性のある食糧生産と消費につなげることができる。

レポートの構成（アウトライン）を深めよう

　構成についてのイメージができましたか？　86ページの例に示したように、あらかじめ構成を紙に書き出してみましょう。この段階では序論や本論、結論に書き込む内容は、箇条書きで十分です。この表こそが、みなさんが取り組むレポートの目的地への道のりを示す地図になります。目的地もはっきりせず、道もわからないままでは、迷子になってしまうでしょう。それを防ぐために、まずはこの例をお手本にして、レポートの構成（アウトライン）を作成しましょう。

　レポートの構成は身体でいうと骨格に当たります。しっかりした骨格があって、はじめて肉づけができるのです。論文の基本である骨格をしっかりと練り上げてください。構成がしっかりとしているレポートは、読み手にとっても読みやすいレポートになります。レポートの成否は構成にかかっているといっても言い過ぎではありません。

　しっかりした構成ができればもうだいじょうぶ。あとは表に箇条書きで記した内容を、具体的に書き込んでいけばいいのです。その際には、常に「情報メモ」を手元に置いて、必要な内容を「引用」したり、確認したりしながら主張を繰り広げていきましょう。

「情報メモ」を集めたまとまりごとの内容も箇条書きで書いてみましょう。もしそれぞれの欄に入れられる項目が少なければ、それは調査が足りないのかもしれません。もう一度調査に戻って、内容を増やしましょう。

▶情報が足りない場合は？　　　　　➡ 2章06へ
▶引用のやり方は？　　　　　　　　➡ 4章23へ
▶中間発表をする場合は？　　　　　➡ 5章26へ

21 文・段落・節・章を作ろう

文をつみ重ねていく

　アウトラインを作成して、おおよその形が見えてきましたか？　それでも、ふだん長い文章を書き慣れていないと、きちんと書き上げられるか不安かもしれませんね。でも、だいじょうぶ。どんなにページ数の多いレポートでも、一文一文を積み重ねてできあがっているのです。まずは小さなまとまりを作っていきましょう。文がいくつかまとまったかたまりを段落、段落のかたまりを節、節のかたまりを章といいます。

文

　文章を書く上で最小の単位です。レポートは、内容をわかりやすく伝える必要があります。そのためには、文をシンプルにするのがいちばん。ひとつの文に情報をつめこみすぎないようにしましょう。一文にひとつの情報で十分です。そうすると自然と文も短く、読みやすくなります。

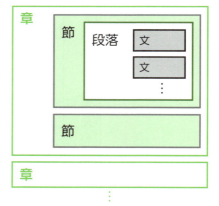

段落

　文をいくつか集めたまとまりを段落といいます。レポートでは、その段落でいちばん伝えたいことを、いちばん最初の文にまとめます。これを主題文といいます。その主題文を受けて、説明を加えたり、主張の根拠となるデータを示したりしていきます。話題が変わる時は、新しい段落を作ります。

節

　段落をさらにまとめたものが節になります。節は原稿用紙何十枚にもなる長い文書では、意味の区切りのために必要になります。ですが、通常のレポート程度の分量でしたら節で区切る必要はありません。いくつかの段落を章としてまとめましょう。

章

　段落(あるいは節)がいくつかまとまった集まりを章といいます。レポート全体の構成を考える時、たとえば1章を序論、2〜4章を本論、5章を結論というように割り当てると、構成がわかりやすくなります。章の構成と意味のつながりを意識してください。

章の構成の例

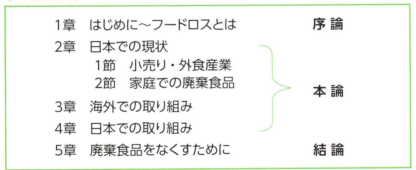

　実際に本文を書く時には、序論から本論へと頭から順番に書き始める必要はありません。上のレポート構成の例でいえば、本論の「海外での取り組み」から書き始めてもよいのです。書きやすいところから取りかかることが肝心です。実際に書いていくと、思ったより内容が少なかったり、話の流れがうまくつながらなかったりと、最初に考えたアウトライン通りにはいかないことが出てくるでしょう。そんな時には、その原因を考えて、アウトラインを見直してみましょう。

　何度も見直し、作りかえていく過程を経ることで、よりよいレポートへと改善されていくのです。

22 レポートの約束

書き方の基本を守ろう

　レポートには、書き方の決まりごと（約束）があります。文章の書き方や原稿用紙の使い方など、さまざまな約束を知り、きちんと守って書くことが大切です。

レポートの書き方の約束を知ろう

　レポートは感想文やエッセーと違い、レポートの形式に合わせて書いていく必要があります。特に文の書き方は大きく異なります。同じように自分の意見を書いている文であっても、レポートでは研究の過程で調べたり発見したりした事実をもとに、具体的に根拠を示しながら、ていねいに自分の主張を書いていく必要があります。

　論理的な文章にするために、感想文とは異なる表現で書く必要もあります。みなさんの主張が読み手に伝わるレポートにするためにも、基本的な書き方や表現方法をきちんと理解しておきましょう。

レポートの基本の書き方

- 文末の表現は「だ・である」で統一する。
- 話し言葉ではなく、書き言葉で書く。
- 主語と述語、目的語が読み手にはっきりわかるように書く。
- 長い文は読みづらいので、文を短くする。
- 図や表は使いすぎない。効果を考えて入れる。
- 自分の意見と他人の意見とをきちんと区別する。
- 他人の意見をレポートに加える時には、引用のルールを守る。
- 必要以上に引用をしない。
- 参考にした文献を正確に記述する。

具体的なレポートの書き方を知るには

　レポートの書き方と約束は理解できましたか？　ここで紹介したのは知っておいてほしい基本中の基本です。でも、これだけで書ける人はほとんどいません。悩んでしまったら、文の書き方についての本を読んでみましょう。一文の書き方から教えてくれる本もあれば、レポートの実物をもとに、形式からまとめ方まで、ていねいに解説してくれる本もあります。

　このページで紹介する本以外にも、文の書き方を教えてくれる本はたくさんあります。図書館で、816という分類記号のついた本を探してみてください。816は日本十進分類法で、「8言語＞81日本語＞816文章．文体．作文」について書かれた本であることを表しています。学校図書館であれば、レポートに関する本を集めた専用の棚があるかもしれません。わからない時は、学校司書に相談してみてください。きっと、あなたの悩みに応える本を、いっしょに探してくれるはずですよ。

レポートで困った時のお助け本

● 「そもそも文章をどう書けばいいのかわからない」人には
『マジ文章書けないんだけど　朝日新聞ベテラン校閲記者が教える一生モノの文章術』前田安正／著　大和書房，2017
就活中の大学生向けの設定で書かれているが、どの年代にも役に立つ。ひとつの文の作り方から、徐々に長くする方法をていねいに教えてくれる。

● 「まとまった文章を書くのが苦手」な人には
『型で習得！　中高生からの文章術』（ちくまプリマー新書）樋口裕一／著　筑摩書房，2014
読書感想文や小論文など、中高生が書く機会が多い文章に絞って、それぞれの基本的な書き方を「型」として解説。レポート・論文の項目もある。

● 「みんながどんなふうに書いているのか知りたい」人には
『論文の考え方・書き方−はじめての論文作成術』宅間紘一／著　新泉社，2021
著者が勤務した高校の生徒が、どのように論文作成を行ったかを具体的に実例をあげて紹介している。実際にできあがった論文も添削つきで掲載。

● 「理系向けの書き方が知りたい」人には
『まんがでわかる　理科系の作文技術』木下是雄／原作　中央公論新社，2018
理系論文の書き方では古典ともいえる名著『理科系の作文技術』のエッセンスをマンガで紹介。さらにくわしく知りたい人は、原著である新書を読もう。

● 「テーマ設定から、調査、執筆、プレゼンまでひと通り確認したい」人には
『中高生からの論文入門』（講談社現代新書）小笠原喜康・片岡則夫／著　講談社，2019
論文の流れや取り組み方をわかりやすく紹介。実際に取り組んだ中高生の例が多く取り上げられており、困ったときに役立つ。本書と併用することもおすすめ。

4章

23 引用ってなんだろう？

ルールを守って正しく使おう

　自分の文章に、ほかの人の考えや言葉を引っぱってきて使うことを「引用（いんよう）」といいます。レポートを書いたり、調べたことを発表したりする時には引用が欠かせません。ただし、引用にはルールがあります。他人の考えや言葉のどろぼう（剽窃（ひょうせつ））とならないように、正しい引用の仕方を知っておきましょう。

正しい引用とは

　引用は自分の意見や主張について、根拠（こんきょ）を示したり、説得力をもたせたりするためのものです。ですから、字数を増やすためだけに使ってはいけません。ほかの人が書いた文章を、少し変えて自分の文章としてしまうのもいけません。知らんぷりをして、ほかの人の作品をそのまま使うのは、もってのほかです（盗用（とうよう））。

　自分の意見を明確にするために、対立する意見を引用することもあります。いずれにせよ、引用する場合は、読者に理由がわかるように、また、その出典（情報源）をあきらかにして、もとの情報を確認できるようにしましょう。これは文章だけでなく、図や表についてもいえることです。

やってはいけないこと

- 見つけた情報を、出典を書かずにそのまま使う。
- ほかの人の考えや言葉を、自分のものとして書く。
- 引用元の文（あるいは図や表）に手を加える。

　ほかの人の考えや言葉を、自分のものと区別することが基本です。

引用の種類と書き方

　引用には、大きく分けて直接引用と間接引用の２種類があります。必要に応じて使い分けてください。引用の形式はひとつではありません。ここでは一般的なものを紹介しますが、実際にレポートを書く時は、担当の先生から指定された形式で書きましょう。

（１）直接引用
引用したい部分をそのまま抜き書きします。
A．言葉や文章の直接引用
例１：引用部分が短い場合

> 著者名は名字のみ、出版年は（　）の中に書く。
>
> 佐藤(2016)は、「温暖化について考えるとき、二酸化炭素以外の温室効果ガスについても目を向けるべきである」(p.80)と述べている。
>
> 引用したい部分をそのまま抜き書きし、自分の文章とはっきり区別するために「　」（英文の場合は　"　"　）で囲む。

　この場合、この著者のどの著作から引用したのか、参考文献一覧でわかるようにしておきます。文中で書名などもあきらかにしておきたければ、下記のような書き方もあります。

> 『環境問題の基礎知識101』において、佐藤は「温暖化について考えるとき、二酸化炭素以外の温室効果ガスについても目を向けるべきである」と述べている(佐藤花子『環境問題の基礎知識101』林々社，2016，p.80)。

　この時、注意しておきたいのは、引用文の最後が「。（句点）」で終わっていても、カッコの中には入れないということ。読みづらいので、必ずカッコの外側につけます。

例2：引用部分が長い場合

前後を1行ずつあけて引用文全体は2文字分下げる。

一方、佐藤(2016)は次のように述べている。
　　温室効果ガス削減の取り組みは［中略］常に批判にさらされ
　　ざるを得ないのである。
これは　〜ということを示している。

1字下げをしない。

引用文の途中を省略するときには［中略］と書く。

　引用する部分は、2文字分下げて記入します。その際、行頭の1字下げは行いません。ワープロソフトで入力している場合は、「インデント設定」という処理をすると、行がずれたりしないので便利です。

B．図や表の引用

　写真やイラストなどの画像や、統計資料にあるグラフや表も引用できます。図（写真、イラスト、グラフなど）や表には通し番号をつけ、もとのタイトルを記入し、出典を書きます。

例1：図の場合

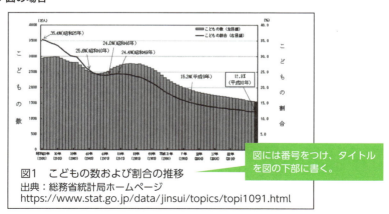

図1　こどもの数および割合の推移
出典：総務省統計局ホームページ
https://www.stat.go.jp/data/jinsui/topics/topi1091.html

図には番号をつけ、タイトルを図の下部に書く。

通し番号は引用した順につけます。うっかり番号が重ならないように注意が必要です。図（特にグラフ）は、小さいとわかりづらいので、内容がわかる大きさで引用しましょう。

例2：表の場合

> 表には番号をつけ、タイトルを表の上部に書く。

表2　男女、年齢3歳階級別こどもの数（平成30年4月1日現在）								
		こどもの数	未就学の乳幼児（0〜5歳）		小学生（6〜11歳）			中学生
				0〜2歳	3〜5歳		6〜8歳	9〜11歳	(12〜14歳)
人口 (万人)	男女計	1553	590	293	298	636	313	323	326
	男	795	302	150	152	326	161	165	167
	女	758	288	143	145	310	153	158	159
総人口に占める割合(%)		12.3	4.7	2.3	2.4	5.0	2.5	2.6	2.6

出典：総務省統計局ホームページ
https://www.stat.go.jp/data/jinsui/topics/topi1091.html

表は、図とは別に通し番号をつけます（表と図を交ぜない）。
こちらも内容がわかる大きさで引用しましょう。

（2）間接引用

引用元の文章を短くまとめて（要約）書きます。引用したい部分が長すぎたり、引用元の要点だけを伝えたい時に使います。この時、引用元の情報を正しく伝えるように気をつけましょう。自分の主張に都合よく要約してはいけません。また、どこからが引用かはっきりわかるようにします。

例1：

> また鈴木(2013)は、○○○○と主張している。

> 要約した場合「　」はつけない。

例2：

> さらに『書名』（中村，2013)によれば、□□は○○とある。

> 本文中に出典（情報源）を記入する場合『書名』（著者名, 出版年）と書く。

24 参考文献って何?

参考にした資料ははっきりと示そう

　レポートを作成する際にはたくさんの資料を利用します。利用した資料については、利用したことを報告することがルールとなっています。ここでは、その利用報告書に当たる参考文献リストの書き方を知っておきましょう。

参考文献って何?

　みなさんが取り組んでいるレポートを書くために、本や新聞・雑誌、事典・辞書、オンラインデータベース、ウェブサイトなど、さまざまな情報にアクセスしたはず。レポートを作ったり、新しいアイデアを考えたりと何かを作り上げる時に、すべてを自分一人だけの力で生み出すことはできません。必ず参考にするものがあったことでしょう。

　そこで、レポートでは参考にしたメディアについて、レポートの最後に一覧表の形で書くことがルールになっています。これを参考文献リストといいます。

　どうしてこのリストが必要かというと、みなさんが作成したレポートを読んだ人が、みなさんの主張を確かめるためには、参考にした資料の情報が欠かせないからです。レポートは小説とは異なり、事実をもとにして論理的に構成されるものです。レポートの論理の筋道を確かめるためにも参考文献が書かれていることが必要なのです。

> 　参考文献の明示は、著作権を守るためにも欠かすことはできません。一部の例外を除いて、あらゆる情報には書いた人の著作権が存在しており、勝手に利用したり、改変を行ったりしてはいけません。参考文献が書かれていることにより、レポートがオリジナリティーを尊重していることがあきらかになります。

資料の種類とそれぞれの書き方

　参考文献リストは、図書、新聞・雑誌、インターネットといった情報の種類ごとに分けて書いていきます。みなさんがレポートのために利用した資料はすべて書きましょう。特に「引用」を行った資料については、絶対に忘れないようにしてください。

　そう聞くと、きちんと書くことができるか心配になるかもしれません。でも、だいじょうぶ。みなさんはすでに「情報メモ」を作っています。「情報メモ」の「出典」欄には、その時に参照した資料の基本データを記録しているはずです。これを参考文献リスト作りに活用できるのです。

　もし「出典」欄を書くのを忘れてしまっていたら……、その時は、もう一度参考にした情報源に当たって、「出典」欄を完全に埋めましょう。ここがきちんとできていれば、参考文献リストを作るのはとても簡単です。

　ここでは文系のレポートでの参考文献リストの書き方の一例をあげます。

資料の種類ごとの参考文献の書き方（文系の場合の例）

> **(1) 図書の書式**
> 　著者名『書名』出版社，出版年
>
> **(2) 雑誌の書式**
> 　著者名「見出し（記事名）」『雑誌名』巻号，ページ
>
> **(3) 新聞の書式**
> 　著者名「見出し（記事名）」『新聞名』発行日（朝・夕刊），面
>
> **(4) 論文の書式**
> 　著者名「論文名」『掲載書名』，出版年，掲載ページ
>
> **(5) オンラインデータベースの書式**
> 　著者名「記事タイトル」『データベース名』リンク，参照日
>
> **(6) ウェブサイト（ホームページ）の書式**
> 　著者名「ページのタイトル」『トップページタイトル』URL，参照日

4章

　この形式以外にも、参考文献の書き方はいろいろあります。文系と理系では書き方は違いますし、同じ文系でもジャンルによって違いがあったりします。レポートの参考文献リストの書き方については、先生に確認をして、指示された書き方で作りましょう。

参考文献リストのまとめ方

　参考文献リストは、レポートの本文とは別に作成します。

　参考文献リストだけのページを作り、レポートの最後につけ加えるのです。参考にした資料が多いと、1ページでは入りきらず、数ページになってしまうかもしれません。それでもレポートを作成する時に利用した資料は、必ずすべて書くようにしましょう。

　参考文献リストに書くメディアの順番は、学問分野を問わずほぼ決まっています。みなさんは以下のような順番で、参考にした資料の情報をリストにしてみましょう。それぞれの情報源ごとに、一行につき1資料で記載していきます。書く内容が多い資料の場合には、複数行にわたってしまってもかまいません。

> (1) 図書
> (2) 雑誌
> (3) 新聞
> (4) 論文
> (5) オンラインデータベース
> (6) ウェブサイト（ホームページ）
> の順番となります。

- 参考文献リストは、レポート作成の最後の段階で作ります。その際に、「情報メモ」からの写し忘れがないように気をつけましょう。
- インターネットのウェブサイトとオンラインデータベースは、どんどん新しい情報に更新されています。そこで、それらの情報を参照した日付を必ず入れるようにしてください。
- ウェブサイトのアドレスを、間違いなく記入するようにしてください。

参考文献リスト（例）

> メディアの種類ごと、著者の五十音順に並べます。

【図書】
1. 小宮 学・日野 隆『環境汚染がわかる本』わかば出版,2013
2. 南 珠代『私の八王子と多摩川』南多摩書房,2019
3. 北野雄一郎他『SDGsと地球の環境』椚田書房,2015

> 著者3人以上の場合。

【雑誌】
1. 町田信子「COP24が目指すもの」『ニュースがみえる』2018年12月号,p.120-123
2. 南 珠代「ロボットは人になれるか」『月刊〇×ジャーナル』2019年10月号（vol.321）,p.16

> メディアの種類の間は1行あけます。

【新聞】
1. 「地球温暖化の最前線」『毎朝新聞』2017年1月15日（夕刊），9面
2. 「幻のうさぎ発見」『夢々新聞』2019年4月1日（朝刊），1面

【論文】
1. 森野 保「地球温暖化ガスの濃度分析」『科学研究』12, 2013.8, p.17-18
2. 高是達也「海水温度の定量的計測」『海洋ジャーナル』49, 2017.6, p.58-60

【オンラインデータベース】
1. 河原 瞳「温室効果ガスの種類」『毎朝新聞データベース』
   http://www.maiasa-news.com/*****/, 2018.3.3

【ウェブサイト】
1. 大石 実「2030年の海洋汚染の予測」『現代の地球環境』
   http://www.****.co.jp/*****/*****/, 参照日：2019.1.10
2. 「2017年の温室効果ガス排出量」『環境省』
   http://www.****.go.jp/*****/, 参照日：2019.2.24

4章

> それぞれの参考文献は正確に記述しましょう。

▶情報メモの作り方を確認したい　　➡ 3章18へ

25 レポート・論文を提出しよう!

でも、ちょっと待って

　本文も書き終わって、参考文献リストが完成したら、あとは提出あるのみ！　……ではありません。提出の前に確認しておくポイントがいくつかあります。完成まであともうひと息、がんばりましょう。

提出の前に

　長い時間をかけて地道に取り組んできたレポートが、ようやく書き上がりました。一生懸命がんばってきた成果が形になるのはうれしいですね。後は表紙をつけて綴じれば、先生に提出するばかり。締め切りも近いし、さっそく先生に提出したいところですね。

　もう一度、本文をじっくり読み返してみましょう。誤字・脱字はありませんか？　章やページの番号、図や表の位置と通し番号もしっかり確認してみてください。ミスは意外なところに潜んでいます。赤ペンでミスを直しながら、最低でも2回は読み直しましょう。一度にくり返し読むのではなく、少し時間を置いたほうが、ミスに気づきやすくなります。できることなら、友だちや家族などほかの人にも読んでもらいましょう。内容についての意見も聞いて、足りない部分があれば追加していきます。
　この段階でレポートにひとつもミスがなくなるまで細かくチェックすることが大切です。

> **<ここをチェック!>**
> □誤字・脱字はありませんか?
> □文の主語と目的語、述語がきちんと対応していますか?
> □文章の流れと論理におかしなところはありませんか?
> □文末の表現は「だ・である」に統一されていますか?
> □本文中の図や表の番号は、正しく対応していますか?
> □グラフや表は、必要な情報が確認できるようになっていますか?

最終チェックをしよう

上記のチェックポイントはすべて確認しましたね。これで中身はできあがりました。いよいよ最後のチェックポイント、提出形式の確認です。書式は先生の指示通りか、ページが抜けていないかなど、以下の項目を確認しましょう。

> **<ここをチェック!>**
> **データの場合**
> □先生に指定された書式で作成しましたか?
> □クラスや番号、名前を記入しましたか?
> □図や表の位置がずれたりしていませんか?
> □メールで提出する場合、送信先アドレス、件名は確認しましたか? レポートのファイルを添付しましたか?
>
> **紙の場合**
> □先生に指定された用紙で書いていますか?
> □印刷はきれいにできていますか? 手書きの場合、字は読みやすいですか?
> □図や表をのりで貼りつけた場合、きちんと用紙についていますか? のりでページがくっついたりしていませんか?
> □ページ順にきちんと並んでいますか?
> □表紙にタイトルは書きましたか? クラスや番号、名前を記入しましたか?
> □指定された方法で綴じましたか?

すべてが確認できたら、ついにレポートの完成です。提出期限を守って先生に提出しましょう!

▶これから発表がある　　➡ 5章26へ

5章

発表する

26 発表の心構え

みんなにわかってもらうために

　レポート課題の一部として、調べたことを人前で発表する機会もあります。レポート完成後だけでなく、中間発表として、先生や仲間に調査の進行状況（じょうきょう）を発表することもあるでしょう。いずれにしても、発表の基本は同じです。どんな点に気をつけて準備を進めればいいのでしょうか。

発表はポイントを押（お）さえて

　この章では、発表のなかでも中高生が行う機会の多い「プレゼンテーション」と「ポスターセッション」を中心に説明していきます。

　プレゼンテーションとは、レポートの内容をコンピュータなどの道具や資料を使って行う発表のことです。発表と聞くと、この形式を想像する人が多いと思います。一方、ポスターセッションでは、事前に模造紙程度の大きさのポスターを作成し、その前で参加者に内容を説明します。

　発表は、自分の研究をほかの人に理解してもらうために行います。ずっと研究をしている発表者は、十分に内容をわかっていますが、聞く人にとっては、はじめてふれる事柄（ことがら）かもしれません。どのようにしたら伝わるのか、聞く人の立場に立って考えてみましょう。また、発表には時間や紙面の大きさ、枚数など、さまざまな制約があります。その制約の中で、テーマと結論、内容の要旨（ようし）を知ってもらうために、特にどこを伝えたいのか、内容を絞（しぼ）り、ポイントを押（お）さえる必要があります。

発表の構成

　レポートを書く時と同じように、発表でも構成を考えておきます。つぎのページのような順番で伝えるとよいでしょう。

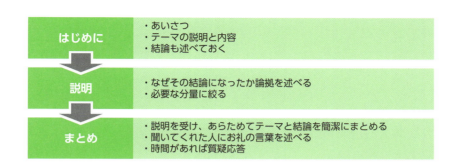

考えておくこと

　構成を決める上で考えなくてはいけないのが、先程も述べた「制約」です。条件を確認しましょう。時間が短ければ内容を絞る必要がありますし、スライドが使えなければ口頭の説明だけでわかるような表現の工夫が必要です。どんな制約があったとしても、基本は聞く人の立場に立つことです。独りよがりの発表にならないように、十分な準備を行ってください。

対象者	・何人くらいか ・テーマについての基礎知識はあるか
時間	・持ち時間はどれくらいか ・持ち時間に合わせて、内容の精査をする ・資料配布や使用する機器の準備時間も含むか確認
使用機器	・会場ではどんな機器が使用できるか ・会場のパソコンを利用する場合、自分で作成したファイルをどのように持ち込むか
服装・態度	・自信をもって堂々と話す ・聞いてくれる人に敬意をはらった服装（制服など）で ・できるだけ原稿は見ず、聞いてくれる人の顔を見て話す
想定問答	・どんな質問がありそうか ・回答のための資料は必要か

▶ポスターセッションをする　　　　　　　➡ 5章27へ
▶プレゼンテーションでスライドを使う　　➡ 5章28へ
▶具体的な発表の準備　　　　　　　　　　➡ 5章29へ

27 発表準備 ①ポスターを作る

ポスターセッションをしよう

　ここではポスターセッション（ポスター発表）を行うためのポスターの作り方について説明します。写真やイラストをメーンとしたポスターとはポイントが違います。

ポスターに書く内容を考えよう
　調査研究の成果を「あれも、これも」入れたくなりますよね。しかし、スペースに限りがあるため、書ける内容は意外と少ないのです。

> 以下のそれぞれの点について
> **A5（A4の半分）の大きさの紙にまとめてみましょう。**
> ●研究テーマ・目的　　●調査・研究（実験）内容
> ●調査・研究（実験）結果　　●考察・まとめ

ポスターを作ってみよう
　以下の点に注意し、レイアウト例を参考に作ってみましょう。

●大きさ	大きさを確認し、はみ出さないように書く。
●文字	文字はていねいに書く。汚い字はそれだけで印象が悪い。 大きさは、1メートルぐらい離れた場所からでも読める大きさ。
●色使い	色を使いすぎない。 注目してほしいところに目立つ色を使う。
●写真とイラスト	ぱっと見てわかりやすいほうを選ぶ。 （イラストのほうが見やすいこともあります）
●図やグラフ	わかりやすい図やグラフを使う。引用する時は、どこから引用したかを必ず書く。

▶どんなグラフを使うのがいい？　　➡ **5章28へ**

<ポスターレイアウト例>

ポイント
結果が上部にあります。見る人は、どんな研究かすぐわかるので、興味が出てきます。

ポイント
調査・研究の順番通りに並んでいます。作りやすく、説明がしやすいレイアウトです。

ポイント
2段組なので、見やすいレイアウトです。見てほしい順に番号をつけるとよいでしょう。

いよいよポスターセッション

ポスターセッションでは、大勢の人の前で話す発表に加えて以下のようなポイントがあります。

＜ポスター発表のポイント＞

●**ポスターを説明する時間は？**
　3分程度(短く・ポイントを絞る)

●**説明の内容は？**
　ポスターを補足するような内容

●**可能ならば……**
　サンプルや動画があるとわかりやすい

●**質問された時のために……**
　予想される質問と答えを考えておこう

5章

▶発表の準備をする　　　　➡ 5章29へ

発表準備 ②スライドを作る

情報をわかりやすく伝える

　発表の時、スライドを使うと図や写真、グラフなどを見せることができ、より情報を伝えやすくなります。また、発表者は話しながら内容を確認でき、聞く側の視線がスライドに集まるので、緊張が和らぐというメリットもあります。

スライドとは

　発表を聞く時に、パソコンの画面などが大きく映し出されているのを見たことがあるでしょう。ここで使われているのがスライドです。スライドは紙芝居のようなものです。伝えたい内容のポイントを、複数の画面や紙にまとめて、1枚ずつ見せていきます。図や表、写真、パソコンなら動画の入ったスライドを使うことで、レポートの内容をわかりやすく伝えることができます。

スライドを使う？　使わない？

　「発表の準備」で学んだように、発表には「制約」があります。発表でスライドを使った方がよいか、以下にチェックポイントをあげます。

> ●発表時間は十分にある？
> 　発表時間が短ければ、口頭で十分です。また、パソコンなどの機材を使う場合、発表に準備時間が含まれてしまうことがあります。
> ●会場に機材はある？
> 　スクリーンや書画カメラ、パソコンは利用できますか？　パソコンの場合は、データをどのように持ち込むかの確認も必要です。
> ●図やグラフ、写真は必要？
> 　言葉で十分なら、図や写真を使う必要はありません。また、細かい図や、情報量の多い表などはスライドに向きません。

スライドを作るポイント

　発表の構成を見通して、どの部分をスライドにするかを考えます。すべての内容をスライドに書く必要はありません。あくまでも説明がメーンです。伝えたいポイントを絞り込みましょう。また、スライドはパッと見て理解しやすいように、内容を整理・図式化しましょう。大きく、見やすく、シンプルに、が基本です。説明の流れに合わせて、スライドを見せる順番を決めておきます。

見やすいスライドの基本

　ひとつのスライドにはひとつの情報が基本です。発表はスライド1枚につき、1分を目安とするといいでしょう。レポートでいえば表紙にあたる、タイトルページも忘れずに。パソコンで作成する場合、動きのあるアニメーション機能がついているものもありますが、内容に集中してもらうために使用は控えましょう。

　見やすいスライドにするためのポイントを以下にまとめました。

●文字
　大きく。パソコンの場合は最低でも20pt以上。クセがなく、見やすいフォントを選ぶ。
　手書きの場合は、濃く、はっきり。

●図・写真
　並べる場合、大きさや配置をそろえる。
　パソコンで貼り付けなどを行う場合、縦横比は変更しない。

●色
　使う色の数は少なめに。
　くっきりした色は避けて、落ち着いたトーンに。
　暖色系と寒色系など、見分けやすい色の組み合わせにする。
　人によっては区別しづらい「赤と緑」、「紫と青」などは避ける。

スライドのお助け本
● 『研究発表のためのスライドデザイン』（ブルーバックス）宮野公樹／著　講談社，2013
　わかりやすいスライドを作るためのノウハウがたくさん紹介されています。新書なので簡単に読むことができます。

5章

レイアウトのコツ

　統一感を出すために、使用する色やフォントを絞ります。手書きの場合も、各スライドのタイトルの位置、本文の書き方などをそろえましょう。

タイトルページ（レポートでいえば表紙の部分）

＊タイトルと発表者の名前、所属（学年・クラス・番号など）は必ず記入する。ほかの項目は必要か、先生に確認しよう
＊タイトルは目立つように大きく
＊文字数が多い場合は、文頭を左にそろえた方が読みやすい

コンテンツページ（本文にあたる部分）

　横書きの場合、読み手の視線は「Z」のように動きます。「左から右」、「上から下」という流れを意識しましょう。

＊文頭は左にそろえる。フォントや色を多用しない
＊文は短く、10行以内。箇条書きは5項目までに
＊背景が薄い色なら字は濃い色、背景が濃い色なら字を白く

 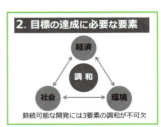

＊長い文章は避け、できるだけ情報を図表化する
＊囲いや矢印はシンプルに
＊改行は言葉や意味が区切れるところで

データを使う時は……

　データを視覚的にわかりやすくしたものが、グラフです。数値をくわしく伝えたい場合は表のほうが向いています。ただし、スライドでは表示する時間が限られているので、項目を絞った表を使用しましょう。

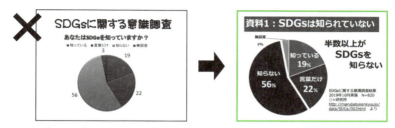

*グラフは一枚のスライドに2つまで
*凡例（データ内容を示したもの）や数値はグラフの中に表示する
*色の数は少なくする。項目が変わる場合、白い枠線で区切ると見やすい
*出典があれば、下に表示する

こんな時はこのグラフ
伝えたい内容によって、使用するグラフも異なります。目的にあったグラフを選びましょう。

▶割合を比べる　　円グラフ

▶変化を見る　　折れ線グラフ

▶差を見る　　棒グラフ

▶割合変化をグループで比較　　積み上げグラフ

みんなの前で発表する

準備をしておけばだいじょうぶ！

発表する内容をうまく伝えるためには、事前の準備がとても大切です。

内容を整理する

まずは発表する内容を整理するために、構成に使ったメモを確認し、発表のおおよその流れを文章にまとめます。発表に慣れていない人は、話し言葉で原稿を書いておくと安心。一般的に1分間で話すことができる分量は300〜350字とされていますので、おおよその目安にしてください。

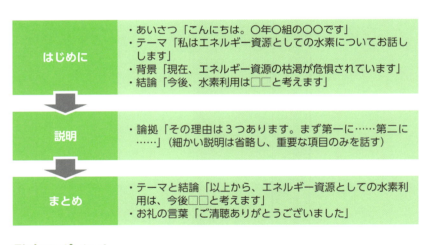

発表のポイント

発表をよく理解してもらうためには、事前に原稿の内容を頭に入れ、聞き手の理解を観察しながら行うと効果的です。また、人に何かを伝える時は、言語による表現と非言語（身振り手振りやアイコンタクトなど）による表現の両方をうまく使うことが重要です。スムーズに発表するために、時間を計ったり、機器を動かしてみるなど、できるだけ当日と同じ条件でリハーサルをしておきましょう。準備が十分だと緊張も和らぎます。

言語表現のポイント

ポイント	例	効果
文章を短くして接続詞を使う	「〜〜〜。そして〜〜〜。たとえば〜〜〜。よって〜〜〜」	聞き取りやすい
言葉の切れ目に「えっと」「あのー」などの雑音を入れない	「えっと」などと言いそうになったら息を吸いましょう。ちょうどよい「間」ができます	聞き取りやすい
耳で聞いてわかりやすい言葉を使う	「罹災情報の伝達」→「被害にあったという情報を伝える」	理解しやすい
語尾を使い分ける	自分で考えたこと…「〜と考えられます」「〜と推定されます」「〜と思います」 調べたこと…「〜によれば〜と書いてありました」「〜だそうです」	内容が信用できる
いくつかの項目をあげる時は最初に数を言う	「〜〜の理由は2つあります。第一に〜〜、第二に〜〜」	理解しやすい

非言語表現のポイント

ポイント	理想的な状態	聞き手に与える印象
姿勢や態度	正しい姿勢でまっすぐ立って堂々と話す	落ち着いている、内容が信頼できる
アイコンタクト	聞き手を見て、目線を合わせて話す	説得力がある、準備が十分されている
身振り手振り	身振り手振りを使って話す	説得力がある、わかりやすい
声の大きさ	大きな声ではっきり話す	聞き取りやすい、わかりやすい、自信がある
話す速さ	ゆっくり話す	

30 発表を聞く側として

質問をして内容を深めよう

発表の場は、話す側だけではなく、聞き手もいっしょに作り上げていくものです。ここでは視点を変えて、聞く側のポイントを知りましょう。

聞く側は何をするか

ただ聞くのではなく、話し手からの情報をしっかりと受け止め、さらに情報を引き出すつもりで臨みましょう。熱心に聞いてくれると、発表者も話しやすくなります。学校の発表では、参加者が交代で発表者を務めることが多いです。発表準備は事前にすませておき、ほかの人の発表に耳を傾けましょう。一見関係なさそうなテーマでも、そこに研究のヒントが見つかるかもしれません。事前にタイトル一覧（いちらん）やレジュメ（発表内容を簡単にまとめたもの）に目を通しておくとよいでしょう。

発表はメモを取りながら聞くと、より理解が深まります。質疑応答の時には、メモを参考にして質問してみましょう。

> **メモポイント**
> ①わからなかったこと（言葉・内容など）
> ②興味をもったところ、よかったところ
> ③発表者が強調したところ（重要な部分）
> ④自分の考えと同じところ
> ⑤自分の考えと違うところ

質問の仕方で答えも変わる

質問の仕方は大きく2種類あります。発表者から知りたい事柄（ことがら）を引き出すには、どのような質問を行えばよいか、考えて質問してみましょう。

クローズドクエスチョン	オープンクエスチョン
「はい／いいえ」「○／◇／☆」で答えられる質問	「なぜ○○なのか?」のような質問
○ 考え・事実を明確にできる	○ 多くの情報が引き出せる
✕ 答えを限定してしまう	✕ 発表者が答えに困ることがある

よい質問、悪い質問

　質問は、きちんと発表を聞いていないとできません。また、内容を理解して行われた質問は、発表者に新たな視点や気づきをもたらすことができます（フィードバック）。よい質問は発表の内容を高める効果があるのです。せっかくの機会ですから、発表者やほかの人にとっても役に立つ質問をしましょう。

よい質問	悪い質問
・簡潔（ポイントを明確に） ・発表の理解を助ける ・より具体的な内容を聞く ・関連するトピックを聞く	・関係ないことを話す ・困らせるためだけにする ・聞きたいことがあいまい ・論点がズレている

＊後藤芳文・伊藤史織・登本洋子『学びの技』（玉川大学出版部,2014）をもとに作成

5章

　最初はどんな質問をしていいのかわからないかもしれません。いろいろな機会に、頭の中で質問のシミュレーションをしてみましょう。学校で受ける授業も先生が行うプレゼンテーションといえます。どんな質問ができるか考えながら聞くと、質問をする練習にもなり、自分の理解度も確認できますよ。

たとえば、テーマが「京都議定書」だった場合

○ 「1997年に採択されたということですが、実際に効力が発生したのはいつですか?」

✕ 「京都といえば、△△で☆☆なんですけど…（中略）…あなたにとって京都とはどんな存在ですか?」

31 今後に活かす

発表は終わりではない

　発表は無事に終わりましたか？　発表が終わったら、それで探究が終わりではありません。

フィードバックをする

　下の図のようなサイクルを積み重ねていくことで、探究がより深くなっていきます。大事なのはふり返り（フィードバック）です。反省点をつぎの発表で改善していくことで、さらに発表はよくなっていきます。

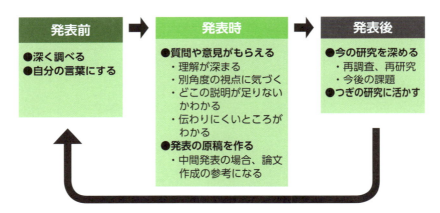

　発表の時に受けた質問や意見は、しっかりメモをしておきましょう。つぎの研究の大きな指針となるはずです。質問が出なかった時は、発表者から聞き手に質問してみるのもよいかもしれません。聞く人の力も借りて、もっとよいレポートを作っていきましょう！

▶テーマをより深く掘り下げる。ふり返りをする ➡ 1章03へ
▶もっと調べる必要が出てきた ➡ 2章06へ
▶中間発表だったので最後にまとめる必要がある ➡ 4章20へ

6章

図書館を知る

32 図書館とは?

図書館について知ろう

よく使っているわりには知らない、図書館の歴史と役割を紹介します。

図書館の歴史

〈古代〉

　図書館の歴史は非常に古く、紀元前2500年ごろに栄えたとされるシリアの都市国家エブラの遺跡では、2万枚にもおよぶ粘土板を備えた図書館が見つかっています。紀元前3世紀ごろには、古代最大の図書館といわれるアレクサンドリア図書館が建てられました。世界中の文献を集め、多い時には巻子になった本が70万巻もあったと伝えられています。

〈中世〉

　15世紀中ごろにグーテンベルクが活版印刷を発明するまで、本は手で書かれていたので、とても貴重なものでした。研究のためでなければ読むこともできず、長い間、限られた人しか図書館を利用できませんでした。活版印刷の発明後は、一度にたくさんの本を作ることが可能になり、ようやく多くの人が本を手にすることができるようになりました。

〈近代〉

　19世紀には学問や科学がめざましく発展して、人びとの「知りたい」「学びたい」という気持ちが高まってきました。自分たちの暮らしをよくするために、世の中や政治について考える必要が出てきました。そこで、19世紀後半ごろに、どんな人でも自由に本を読むことができる公共図書館が作られるようになったのです。

〈日本の図書館の歴史〉

　日本でいちばん古い図書館は、律令時代に作られた図書寮だといわれています。これは、書籍や記録を集めるだけでなく、写本を作ったり紙や文房具を管理する役割もありました。それ以降、公家や武士が個人で、また

寺社や藩が本を集めて保管し、「文庫」として整備するようになりました。しかし、本は貴重品なので、ほとんど公開されることはありませんでした。日本で多くの人が本を手にすることができるようになったのは、識字率が高くなり、木版印刷が普及した江戸時代のことでした。

　明治になると西洋風の図書館が作られるようになり、法律も整ってきました。このころはまだ有料の図書館が多く、「図書館は大事な本を保管するところ」という雰囲気が強くありました。第二次大戦中は言論統制が行われ、図書館もおおいに影響を受けました。

　現代のように、図書館が「気軽に行って好きな本を借りる」場所となったのは、1970年以降のことです。本以外の資料や、CDやDVDなどの視聴覚資料も集められ、インターネットの利用もできるようになりました。最近では、カフェを設けたり、勉強も遊びも可能な青少年限定のスペースを作ったりと新しい試みをする図書館が増えてきました。赤ちゃんからお年寄りまで、あらゆる世代の人に開かれた場所になっています。

図書館の役割

　図書館は、人類が記録として残してきた知恵や経験などの「知の遺産」を、つぎの世代に伝えるために保存しています。しかし、図書館が誰でも無料で使える、開かれた場所になったのは比較的最近のことです。図書館の歩みは自由で平等な社会をめざす世界の歩みと重なっています。

　現在の図書館では、子どもから大人まですべての人が、無料で、必要な情報にふれることができます。インターネットを利用するためのパソコンも用意され、どんな人でも自由に情報にアクセスでき、必要な知識を得られる場として、図書館は私たちの社会と文化を支えているのです。

　図書館がそのような役割を十分に果たすためには資料（本など）と、それを保管する施設（建物や本棚）、資料を整理して提供する人（司書）が欠かせません。本がたくさんあっても、保管する場所がなければ利用できません。整理されていなければ必要な情報を見つけることもできません。図書館がさらに社会で役立つ場となるために、資料・施設・人の充実が求められています。

いろいろな図書館

特徴を知って活用しよう

「図書館」といっても、役割によってさまざまな種類があります。

国立国会図書館

「東京本館」「国際子ども図書館」「関西館」の3館があります。国立国会図書館では、納本制度により日本国内で出版された本が集められ、保存されています。また、国会議員の立法・調査活動を支援する仕事や各地の図書館活動をサポートする役割もあります。国会図書館のウェブサイトからは、所蔵資料の一部をデジタル化した「国立国会図書館デジタルコレクション」や電子ジャーナルを見ることもできます。

国立国会図書館東京本館

写真提供：国立国会図書館

公共図書館

主に都道府県や市区町村などの地方自治体が設置する図書館です。地域住民に無料で図書館サービスを行っています。いちばん身近な図書館として、多くの人に利用されています。貸出を受けるには利用登録が必要で

す。学校に通っているみなさんは、住んでいる地域の図書館と学校がある地域の図書館という2カ所の公共図書館で利用登録することができます。郷土資料といって、設置された地域の歴史や地理などに関する資料が集められているのも特徴です。

学校図書館

日本では「学校図書館法」により、すべての学校に図書館を置くことが義務づけられています。学校内に図書館があるので、必要な時にすぐ利用することができます。所蔵している資料の数は決して多くありませんが、生徒が調べものや読書をするための資料がきちんと集められています。この本で紹介している「探究学習」の拠点となる場所です。

大学図書館

大学の中に置かれ、学生や教職員が研究するために必要な資料を収集・提供している図書館です。学術雑誌や論文、オンラインデータベースなど、研究のための資料が豊富にそろえられています。大学によっては、地域の人や連携する中学・高校の生徒も利用できることがあります。レポート作成が進み、専門的な資料が必要になった時には、大学図書館の利用も考えてみましょう。

専門図書館

研究機関や企業などが設置している図書館です。その組織が必要とする資料を集めているため、専門的な資料が多く集められています。そこでしか見ることができない資料もたくさんあります。利用は限られていることが多いですが、一般に公開されているところもあります。レポートのテーマと合う専門図書館が利用できるなら、ぜひ足を運んでみましょう。

> この他に、視覚に障害がある人のための点字図書館や病院内図書館など、通常の図書館サービスを受けられない人のための図書館もあります。

34

図書館の活用法

まちの図書館を使おう

学校図書館だけで情報が足りない時は、ほかの図書館も活用しましょう。

図書館を使い倒す

　学校の図書館に探している資料がなかったら、まちの図書館（公共図書館）を利用してみましょう。資料を見るだけなら、どこの公共図書館でも無料で利用できます！　貸出は住んでいる市区町村の図書館だけでなく、通っている学校がある市区町村の図書館でもできます。

　それでは、まちの図書館に行ってみましょう。インターネットで蔵書検索ができる図書館も多いので事前に調べておくといいですね。とにかくこういう情報が欲しい！　という時には図書館でレファレンスを頼んでみましょう。レファレンスとは、図書館の資料を使って利用者の質問に答えてくれるサービスです。そのような質問に答えるのも図書館の仕事です。遠慮せずにどんどん利用しましょう。

カーリルを使ってみよう

　カーリルとは、日本全国7000以上の図書館の蔵書を検索することができるウェブサイトです。

　その本を所蔵しているかどうかや、貸出中かどうかをリアルタイムで調べることができます。どこにどんな図書館があるのか調べることもできるし、読みたい本のリストを作ることもできてなかなか便利。利用はもちろん無料です。

事前の蔵書検索で探している資料はありましたか?

○ 資料があった

実際に図書館に行ってみよう

実際に行って借りてきましょう。利用カードがない時は、生徒証を持っていくと、登録手続きをしてくれます。利用登録しておくと……。

・インターネットで資料の予約や取り置きも可能
・ほかの分館にある本を最寄りの図書館に取り寄せてもらえる
・取り寄せ通知もメールでお知らせ

など便利に使えます。

▶「国立国会図書館サーチ」で
  あったら

やはり学校司書や住んでいる市区町村の図書館に相談を。学校や市区町村の図書館を通して利用できる場合があります。

✕ 資料がなかった

▶それ以外の図書館に
  資料があったら

学校司書や住んでいる市区町村の図書館で相談してみよう

公共図書館は相互連携をしています。ほかの市区町村図書館や都道府県立図書館の資料を取り寄せてくれることもあります。自治体ごとに対応が違うので、それぞれの図書館で確認してください。よくわからなければカウンターで相談を。

▶どこにもなかったら

「国立国会図書館サーチ」(https://ndlsearch.ndl.go.jp/) で調べてみよう

国立国会図書館や全国の図書館、専門図書館の本を探すことができます。

　図書館は資料の貸し借りや情報交換（こうかん）などで、ほかの図書館と協力してサービスを行っています。図書館はつながっているのです。

　まちの図書館の利用についても、みなさんの学校の学校司書に相談してください。学校の図書館だけでなく、地域の図書館も活用して探究学習の経験を積んでいけば、「生涯学び続ける力」を養うことができるでしょう。

6章

さらに知るための文献紹介

　主に中高生のみなさんが、レポートや論文を作成する時に参考になる資料を、場面別にまとめました。もちろん、執筆の際の参考にもさせていただきました。

◆**レポート・論文　情報収集から発表まで**
片岡則夫『マイテーマの探し方』筑摩書房，2021
登本洋子・伊藤史織・後藤芳文『学びの技―14歳からの探究・論文・プレゼンテーション』改訂版，玉川大学出版部，2023
◆**レポート・論文を書く**
石黒 圭『新版　この一冊できちんとかける！論文・レポートの基本』日本実業出版社，2024
桑田てるみ『学生のレポート・論文作成トレーニング』改訂版，実教出版，2015
慶應義塾大学教養研究センター監修『学生による学生のためのダメレポート脱出法』慶応義塾大学出版会，2014
戸田山和久『最新版　論文の教室―レポートから卒論まで』NHK出版，2022
沼崎一郎『はじめての研究レポート作成術』岩波書店，2018
◆**情報を探す**
市古みどり・上岡真紀子・保坂睦『アカデミック・スキルズ　情報検索入門　レポート・論文を書くために』慶応義塾大学出版会，2014
梅澤貴典『ネット情報におぼれない学び方』岩波書店，2023
◆**統計を学ぶ**
涌井良幸　子供の科学編集部／編『統計ってなんの役に立つの？』誠文堂新光社，2018
『統計と確率　ケーススタディ30』（Newton別冊）ニュートンプレス，2014
◆**発表の前に**
上坂博亨・大谷孝行・里見安那『コミュニケーション力を高めるプレゼン・発表術』岩波書店，2022
小川仁志『プレゼンの教科書』筑摩書房，2019
高橋佑磨・片山なつ『伝わるデザインの基本』増補改訂3版，技術評論社，2021
平林 純『論理的にプレゼンする技術―聴き手の記憶に残る話し方の極意』改訂版，SBクリエイティブ，2018
松永俊彦『13歳からのプレゼンテーション』メイツ出版，2022

＜参考文献＞

【書　籍】

井下千以子『思考を鍛える大学の学び入門─論理的な考え方・書き方からキャリアデザインまで』慶應義塾大学出版会，2017

井上真琴『図書館に訊け！』筑摩書房，2004

大庭コティさち子『発表する力』（思考力・構成力・表現力をきたえる　はじめてのロジカルシンキング３）偕成社，2013

大串夏身『インターネット時代の情報探索術』青弓社，1997

学習技術研究会／編著『大学生からのスタディ・スキルズ　知へのステップ』改訂版，くろしお出版，2006

倉島節尚／監修　稲葉茂勝／文『辞典・事典のすべてがわかる本１～４』あすなろ書房，2016

桑田てるみ／編『学生のレポート・論文作成トレーニング─スキルを学ぶ21のワーク』改訂版，実教出版，2015

桑田てるみ／編『中学生・高校生のための探究学習スキルワーク 』全国学校図書館協議会，2012

桑田てるみ『思考を深める探究学習 』全国学校図書館協議会，2016

小泉治彦『理科課題研究ガイドブック　第３版』千葉大学先進科学センター，2015

最相葉月『調べてみよう、書いてみよう！（世の中への扉）』講談社，2014

酒井聡樹『これから研究を始める高校生と指導教員のために』共立出版，2013

佐藤 望／編著『アカデミック・スキルズ─大学生のための知的技法入門』慶應義塾大学出版会，2009

塩谷京子『すぐ実践できる情報スキル50』ミネルヴァ書房，2016

柴田光滋『編集者の仕事　本の魂は細部に宿る』新潮社，2010

世界大百科事典，平凡社，2009

総務省統計研修所／編『初めて学ぶ統計』日本統計協会，2016

トニー・ブザン　バリー・ブザン『新版 ザ・マインドマップ』ダイヤモンド社，2013

西岡加名恵／監修『アクティブ・ラーニング　学習発表編』ＰＨＰ研究所，2017

日本図書館協会図書館利用教育委員会，図書館利用教育ハンドブック学校図書館（高等学校）版作業部会／編著『問いをつくるスパイラル─考えることから探究学習をはじめよう！』日本図書館協会，2011

林 四郎　ほか／編著『例解新国語辞典　第六版』三省堂，2002

宮野公樹『学生・研究者のための伝わる！学会ポスターのデザイン術』化学同人，2011

もり・きよし／原編『日本十進分類法　新訂10版』 日本図書館協会，2014

『LibMax　図書館総合管理システム操作マニュアル』ソフテック，2010

『MMRC　ユーザーズガイド　第3版』玉川学園　学園マルチメディアリソースセンター，2012

『とても便利！使ってみよう！データベース』東京都立多摩図書館，2017.6

『都立中央図書館で学ぶ！はじめてのレポート・論文作成ガイド』東京都立中央図書館，2017

【雑　誌】

高橋恵子・佐藤晋巨「『い・な・か・も・ち』で体調管理に万全を期す」『PRESIDENT』2017.7.17号 p.56-57

松林 薫「その『いいね！』は大間違い　フェイクニュースの見分け方」『PRESIDENT』2017.7.17号 p.66-67

【ウェブページ】

愛知大学豊橋図書館「レファレンス事例詳細（3300010）」，レファレンス協同データベース
http://crd.ndl.go.jp/reference/modules/d3ndlcrdentry/index.php?page=ref_view&id=１０００１７４３２５，2018.2.1

「ウィキペディア」『Wikipedia』 https://ja.wikipedia.org/wiki/%E3%82%A6%E3%82%A3%E3%82%AD%E3%83%9A%E3%83%87%E3%82%A3%E3%82%A2，2019.1.17

「Wikipedia：出典を明記する」『Wikipedia』
https://ja.wikipedia.org/wiki/Wikipedia:出典を明記する，2018.11.27

外務省「よくある質問集」http://www.mofa.go.jp/mofaj/comment/faq/，2018.11.14

東京都福祉保健局『東京都カラーユニバーサルデザインガイドライン』
http://www.fukushihoken.metro.tokyo.jp/kiban/machizukuri/kanren/color.files/colorudguideline.pdf，2019.3.20

日本ユネスコ国内委員会「図書、新聞及び定期刊行物の出版及び配布についての統計の国際的な標準化に関する改正勧告（仮訳）」，文部科学省 http://www.mext.go.jp/unesco/009/1387396.htm，2018.2.1

菱沼典子「地域住民のヘルス・リテラシー向上に寄与する アクティブ・ラーニング教材の開発」，『平成 25 年度～平成 27 年度 私立大学戦略的研究基盤形成支援事業 研究成果報告書』http://quilt.slcn.ac.jp/HLproject-1/?action=common_download_main&upload_id=512，2018.12.11

付録

責任編集

杉山和芳	東京都立南多摩中等教育学校	学校司書
本間恵美	東京都立武蔵高等学校・附属中学校	学校司書

執筆者一覧

東京都立高等学校学校司書会ラーニングスキルガイドプロジェクトチーム

石川 緑	東京都立国分寺高等学校	学校司書
井津井麻子	東京都立農業高等学校	学校司書
内田香里	東京都立板橋高等学校	学校司書
腰原涼子	東京都立豊多摩高等学校	学校司書
齋藤玲子	東京都立白鷗高等学校	学校司書
杉山和芳	東京都立南多摩中等教育学校	学校司書
宅間由美子	東京都立国際高等学校	学校司書
千田つばさ	東京都立町田総合高等学校	学校司書
冨森美穂	東京都立小金井北高等学校	学校司書
中上潤一	東京都立小石川中等教育学校	学校司書
登 淳子	東京都立竹早高等学校	学校司書
平井しのぶ	東京都立西高等学校	学校司書
平井孝明	東京都立青山高等学校	学校司書
本間恵美	東京都立武蔵高等学校・附属中学校	学校司書

（所属は2019年3月31日現在）

[編著者紹介]

東京都立高等学校学校司書会ラーニングスキルガイドプロジェクトチーム
（とうきょうとりつこうとうがっこうがっこうししょかいらーにんぐすきるがいどぷろじぇくとちーむ）

東京都立高等学校に勤務する学校司書で組織する研修団体「東京都立高等学校学校司書会」のプロジェクトチーム。学校図書館での実践をもとに探究学習、教科横断型学習に対応するために2017年に設置。2018年に『都立高校の生徒のためのラーニングスキルガイド　～レポート作成編～』を作成した。

探究に役立つ！
学校司書と学ぶレポート・論文作成ガイド

2019年11月25日　初版第1刷発行
2025年 2月10日　初版第4刷発行

編著者　東京都立高等学校学校司書会ラーニングスキルガイドプロジェクトチーム
発行者　廣嶋武人
発行所　株式会社ぺりかん社
　　　　〒113-0033　東京都文京区本郷1-28-36
　　　　TEL　03-3814-8515（営業）
　　　　　　 03-3814-8732（編集）
　　　　http://www.perikansha.co.jp/
印刷所・製本所　株式会社太平印刷社

ⓒAssociation of Tokyo Metropolitan School Librarians 2019
ⓒIzui Asako, Chida Tsubasa, Honma Megumi 2019
ISBN978-4-8315-1551-3
Printed in Japan 2019

　「なるにはBOOKS」は株式会社ぺりかん社の登録商標です。

＊「なるにはBOOKS」シリーズは重版の際、最新の情報をもとに、データを更新しています。

【なるにはBOOKS】ラインナップ 税別価格 1170円〜1700円

- ❶ パイロット
- ❷ 客室乗務員
- ❸ ファッションデザイナー
- ❹ 冒険家
- ❺ 美容師・理容師
- ❻ アナウンサー
- ❼ マンガ家
- ❽ 船長・機関長
- ❾ 映画監督
- ❿ 通訳者・通訳ガイド
- ⓫ グラフィックデザイナー
- ⓬ 医師
- ⓭ 看護師
- ⓮ 料理人
- ⓯ 俳優
- ⓰ 保育士
- ⓱ ジャーナリスト
- ⓲ エンジニア
- ⓳ 司書
- ⓴ 国家公務員
- ㉑ 弁護士
- ㉒ 工芸家
- ㉓ 外交官
- ㉔ コンピュータ技術者
- ㉕ 自動車整備士
- ㉖ 鉄道員
- ㉗ 学術研究者(人文・社会科学系)
- ㉘ 公認会計士
- ㉙ 小学校教諭
- ㉚ 音楽家
- ㉛ フォトグラファー
- ㉜ 建築技術者
- ㉝ 作家
- ㉞ 管理栄養士・栄養士
- ㉟ 販売員・ファッションアドバイザー
- ㊱ 政治家
- ㊲ 環境専門家
- ㊳ 印刷技術者
- ㊴ 美術家
- ㊵ 弁理士
- ㊶ 編集者
- ㊷ 陶芸家
- ㊸ 秘書
- ㊹ 商社マン
- ㊺ 漁師
- ㊻ 農業者
- ㊼ 歯科衛生士・歯科技工士
- ㊽ 警察官
- ㊾ 伝統芸能家
- ㊿ 鍼灸師・マッサージ師・柔道整復師
- 51 青年海外協力隊員
- 52 広告マン
- 53 声優
- 54 スタイリスト
- 55 不動産鑑定士・宅地建物取引士
- 56 幼稚園教諭
- 57 ツアーコンダクター
- 58 薬剤師
- 59 インテリアコーディネーター
- 60 スポーツインストラクター
- 61 社会福祉士・精神保健福祉士
- 62 中小企業診断士

- 63 社会保険労務士
- 64 旅行業務取扱管理者
- 65 地方公務員
- 66 特別支援学校教諭
- 67 理学療法士
- 68 獣医師
- 69 インダストリアルデザイナー
- 70 グリーンコーディネーター
- 71 映像技術者
- 72 棋士
- 73 自然保護レンジャー
- 74 力士
- 75 宗教家
- 76 CGクリエータ
- 77 サイエンティスト
- 78 イベントプロデューサー
- 79 パン屋さん
- 80 翻訳家
- 81 臨床心理士
- 82 モデル
- 83 国際公務員
- 84 日本語教師
- 85 落語家
- 86 歯科医師
- 87 ホテルマン
- 88 消防官
- 89 中学校・高校教師
- 90 愛玩動物看護師
- 91 ドッグトレーナー・犬の訓練士
- 92 動物園飼育員・水族館飼育員
- 93 フードコーディネーター
- 94 シナリオライター・放送作家
- 95 ソムリエ・バーテンダー
- 96 お笑いタレント
- 97 作業療法士
- 98 通関士
- 99 杜氏
- 100 介護福祉士
- 101 ゲームクリエータ
- 102 マルチメディアクリエータ
- 103 ウェブクリエータ
- 104 花屋さん
- 105 保健師・養護教諭
- 106 税理士
- 107 司法書士
- 108 行政書士
- 109 宇宙飛行士
- 110 学芸員
- 111 アニメクリエータ
- 112 臨床検査技師
- 113 言語聴覚士
- 114 自衛官
- 115 ダンサー
- 116 ジョッキー・調教師
- 117 プロゴルファー
- 118 カフェオーナー・カフェスタッフ・バリスタ
- 119 イラストレーター
- 120 プロサッカー選手
- 121 海上保安官
- 122 競輪選手
- 123 建築家
- 124 おもちゃクリエータ

- 125 音響技術者
- 126 ロボット技術者
- 127 ブライダルコーディネーター
- 128 ミュージシャン
- 129 ケアマネジャー
- 130 検察官
- 131 レーシングドライバー
- 132 裁判官
- 133 プロ野球選手
- 134 パティシエ
- 135 ライター
- 136 トリマー
- 137 ネイリスト
- 138 社会起業家
- 139 絵本作家
- 140 銀行員
- 141 警備員・セキュリティスタッフ
- 142 観光ガイド
- 143 理系学術研究者
- 144 気象予報士・予報官
- 145 ビルメンテナンススタッフ
- 146 義肢装具士
- 147 助産師
- 148 グランドスタッフ
- 149 診療放射線技師
- 150 視能訓練士
- 151 バイオ技術者・研究者
- 152 救急救命士
- 153 臨床工学技士
- 154 講談師・浪曲師
- 155 AIエンジニア
- 156 アプリケーションエンジニア
- 157 土木技術者
- 158 化学技術者・研究者
- 159 航空宇宙エンジニア
- 160 医療事務スタッフ
- 161 航空整備士
- 162 特殊効果技術者
- 補巻20 宇宙・天文で働く
- 補巻21 医薬品業界で働く
- 補巻22 スポーツで働く
- 補巻23 証券・保険業界で働く
- 補巻24 福祉業界で働く
- 補巻25 教育業界で働く
- 補巻26 ゲーム業界で働く
- 補巻27 アニメ業界で働く
- 補巻28 港で働く
- 別巻 大人になる前に知る 命のこと
- 別巻 大人になる前に知る 性のこと
- 別巻 レポート・論文作成ガイド
- 別巻 中高生からの防犯
- 別巻 会社で働く
- 別巻 大人になる前に知る 老いと死
- 別巻 指と耳で見る、目と手で聞く
- 別巻 生理の話
- 別巻 中高生の防災ブック
- 別巻 世界に挑む! デフアスリート
- 高校調べ 総合学科高校
- 高校調べ 農業科高校
- 高校調べ 商業科高校
- 高校調べ 数理科高校
- 高校調べ 国際学科高校
- 高校調べ 体育科高校
- ── 以降続刊 ──

※ 一部品切・改訂中です。　　2024.11.